Compendio ilustrado y azaroso de

TODO LO QUE SIEMPRE

QUISO SABER SOBRE

LA LENGUA CASTELLANA

Compendio ilustrado y azaroso de

TODO LO QUE SIEMPRE
QUISO SABER SOBRE
LA LENGUA CASTELLANA

FUNDACIÓN DEL ESPAÑOL URGENTE

Vintage Español
Una división de Random House LLC
Nueva York

PRIMERA EDICIÓN VINTAGE ESPAÑOL, SEPTIEMBRE 2013

Copyright © 2012 por Fundéu BBVA

Coordinación y recopilación de textos por Mateo Sancho Cardiel

Información de catalogación de publicaciones disponible en la Biblioteca
del Congreso de los Estados Unidos.

Vintage ISBN: 978-0-8041-6910-3

Para venta exclusiva en EE.UU., Canadá, Puerto Rico y Filipinas

www.vintageespanol.com

Impreso en los Estados Unidos de América
10   9   8   7   6   5   4   3   2   1

Compendio ilustrado y azaroso de

TODO LO QUE SIEMPRE

QUISO SABER SOBRE

LA LENGUA CASTELLANA

LA SABIOTECA

Todas las mañanas los periodistas y lingüistas de la Fundación del Español Urgente (Fundéu BBVA) celebran un aquelarre en el que usan como material de combustión para la hoguera los periódicos, las teles e incluso las webs, y ahora también los tuits.

En esta reunión el idioma español es el macho cabrío al que veneran e invocan. Por sus dedos y lenguas pasan los desliz, errores, anglicismos, omisiones y expresiones malsonantes o novedosas que el resto de los mortales ajenos al ritual, sobre todo los comunicadores, introducen cada día en los caudales informativos.

Los brujos, jóvenes y viejos, repasan pormenorizadamente cada palabra, cada frase que ha servido de titular, de texto y de declamación en las teles, y tras la disección surgen una serie de orientaciones para sugerir una acertada utilización del vocablo correcto, de la expresión precisa. Toda la liturgia se celebra con la urgencia que precisaban antes los medios y que demandan ahora las redes sociales e internet.

«La Fundéu recomienda…» Del aquelarre surge todos los días un consejo, pero, además, a lo largo de la jornada se contestan decenas de dudas individuales que llegan a ese círculo de brujos sabios y que se despachan por teléfono, correo electrónico, Twitter y Facebook.

Cuando pueden, se anticipan y nos enseñan qué términos son más correctos para prevenir el error antes de cometerlo.

Hace unos años la Fundéu BBVA solo era conocida por los periodistas y, en cualquier caso, por los españoles. Hoy se ha convertido en una de las instituciones con mayor proyección universal no ya de España sino de nuestra lengua. América, Asia, Europa, usuarios de redes sociales, profesores y alumnos han aprendido, como antes lo hicieron los profesionales de los medios, que el lugar donde se resuelve con más rapidez cualquier duda lingüística es a través de las respuestas procedentes de la acumulación de talento que se deposita en sus archivos.

Y esos almacenes contienen sus recomendaciones. Nadie sabe cuántas son, más de cinco mil o más de siete mil. En realidad, da un poco igual: son innumerables.

Este libro surge del conocimiento acumulado en esos caladeros lingüísticos en los que se ha capturado una breve e intensa selección sin otro afán que el repaso cariñoso a muchos aspectos curiosos, necesarios o a lo mejor solo sorprendentes. Frente al orden de otros libros o a la precisión de los buscadores de internet, se ha preferido desparramar de forma algo aleatoria (pero con intención) esas pequeñas maravillas, esas dosis breves de conocimiento profundo que son las recomendaciones diarias de la Fundéu.

El azar es un espléndido evocador de la memoria y un gran aliado de la imaginación. Esperemos que agradezcan un poco de desorden para que su mente vuele con las palabras y conceptos que les presentamos.

Como todos los sabios, los profesionales de la Fundéu conceden poca importancia a su trabajo. Les parecen poca cosa esas joyas, sus recomendaciones, que para el resto resultan necesarias, interesantes, curiosas, intrigantes, sorprendentes y evocadoras.

Quien participa como invitado en esos ritos diarios disfruta de una maravillosa experiencia; ojalá ocurra lo mismo conforme avancen por estas páginas.

Resulta increíble la cantidad de unidades de sabiduría acerca de nuestra lengua que se producen todas las mañanas sobre ese fuego reparador en la reunión de los especialistas de la Fundación.

La Fundéu atiende, además, a un público de hablantes cada vez más numeroso entre el que los españoles empiezan a constituir casi una minoría.

Sin robarles más tiempo para que puedan empezar a degustar esta miscelánea (¿o era macedonia?), se nos ocurre que a esta colección de recomendaciones la podíamos haber denominado «sabioteca», pero surge una duda que los diccionarios no resuelven. Va a ser necesario abrir la página web de la Fundéu y mandarles un mensaje por Twitter: «Señores de @fundeu: ¿La palabra *sabioteca* existe? ¿Se puede usar para referirse al sitio donde los sabios acumulan su trabajo? Gracias».

So y *cabe* fueron excluidas hace tiempo de la lista de preposiciones del español, pero ¿qué fue de ellas? *So*, ahora adverbio que sirve para potenciar las cualidades del adjetivo, solo se emplea como preposición en locuciones como *so capa de, so color de, so pena de* o *so pretexto de*. En cuanto a *cabe*, ha caído en desuso.

Quizá esa sea la razón por la que la Academia las ha retirado de la lista de preposiciones, en la que se han incluido, como pseudopreposiciones, *durante, mediante* y *vía*.

✳ EN MISA Y REPICANDO... PERO NO DOBLANDO ✳

Aunque *repicar* y *doblar* son verbos referidos al tañido de una campana o de otros instrumentos, son verbos de significado opuesto. *Doblar* es 'tocar a muerto', mientras que *repicar* es 'sonar en señal de fiesta o regocijo'.

✳ CIFRAS Y LETRAS: CÓMO SE ESCRIBEN LOS NÚMEROS ✳

Cardinales
Se aconseja escribir con letras los números cardinales que constan de una sola palabra gráfica: números del cero al veintinueve, las decenas (*veinte*), las centenas (*doscientos*) y los números redondos que pueden expresarse en dos palabras (*tres millones*).

También se escribirán con letras los numerales cardinales compuestos que interpongan la conjunción *y* entre los cardinales simples: *treinta y uno, cuarenta y cinco*, etc., aunque la *Ortografía de la lengua española* del año 2010 también considera válida la escritura en una sola palabra (*treintaiuno, cuarentaicinco*), pero es una grafía minoritaria y en el uso culto son mayoritarias las grafías pluriverbales (*trein-ta y cinco, cincuenta y cuatro*). Estas formas se acentuarán según las normas generales.

Cuando el número cardinal compuesto se refiera a cantidades en miles, se mantendrá la independencia gráfica de sus componentes (*dos mil, quince mil, cuatrocientos mil*) y no se mezclarán cifras y letras; hay que tener en cuenta que aquí *mil* no es un sustantivo (la forma sustantiva es *millar*), sino que forma parte de los adjetivos numerales compuestos de dos palabras: *154.000 personas* (no *154 mil personas*).

Millón, billón, trillón y *cuatrillón* sí son sustantivos, y, por lo tanto, no hay ningún problema en mezclar en las cantidades en que aparecen cifras y letras: *14 millones de personas* (o *catorce millones de personas*).

Ordinales

Los numerales ordinales compuestos correspondientes a la primera y segunda decenas se pueden escribir en una o dos palabras, aunque hoy se prefiere la forma simple (*decimotercero,-a; vigesimoprimero, -a*, etc.). A partir de la tercera decena se escriben tradicionalmente en dos palabras (*trigésimo segundo, quincuagésimo cuarto*, etc.), aunque también se admiten las grafías en una sola palabra. Cuando se opte por la grafía separada, el femenino se marcará en los dos componentes (*décima tercera*). Cuando se escriben en dos palabras, conservan la tilde de la primera, pero si se escriben en una sola, la pierden (*décima tercera, decimotercera*).

Además, es importante conservar la coherencia y la uniformidad y no mezclar en un mismo texto números escritos con cifras y números escritos con letras. Aunque lo habitual es respetar el ordinal en los números menores que veinte, a veces es también correcto el empleo del cardinal. Así, puede hablarse de *la 29.ª (vigésima novena) Feria Internacional ARCO, la 24.ª (vigésima cuarta) edición de los premios Goya* o *el 50.º (quincuagésimo) aniversario de la muerte de*

Albert Camus, pero también de *la 29 (veintinueve) Feria Internacional ARCO, la 24 (veinticuatro) edición de los premios Goya, el 50 (cincuenta) aniversario de la muerte de Albert Camus* y *la 30 edición de Fitur*.

Además, conviene aclarar que, si no hablamos de este tipo de acontecimientos, el número cardinal va tras el nombre al que acompaña, como en *el piso quince*, no *el quince piso*.

✳ *BARRABRAVA* ✳

Barrabrava, que en Argentina significa 'grupo de individuos fanáticos de un equipo de fútbol que suelen actuar con violencia', contiene cuatro veces la letra *a*, tres veces la letra *r*, dos veces la letra *b* y una la letra *v*.

✳ *WELCOME*: YA ESTÁ USTED EN BARAJAS ✳

Una vez llegado a un aeropuerto de habla hispana, se pueden evitar perfectamente palabras como *finger*, *overbooking*, *handling*, *jet lag* y la expresión *vuelos domésticos* y optar en su lugar por términos apropiados en español.

Pueden leerse en la prensa escrita y oírse en los medios audiovisuales frases como «La huelga afectará a los vuelos domésticos», «Los pasajeros tuvieron que esperar media hora dentro del finger», «Más de 30 personas se quedaron en tierra por culpa del overbooking», «El fallo en los servicios de handling causó la pérdida de miles de maletas», «La selección argentina sufrió las consecuencias del jet lag tras su viaje a Europa».

En estos casos es preferible usar los términos españoles correspondientes: *vuelos nacionales* en lugar de *vuelos domésticos* —que es un calco del inglés *domestic* ('nacional'); en español *doméstico* significa 'de la casa o del hogar' y '[animal] que vive en compañía del hombre'—; *pasarela* en vez de *finger*; *sobreventa* por *overbooking*; *servicios de tierra* en lugar de *handling*, y *desfase horario* por *jet lag*.

De este modo, en los ejemplos citados hubiera sido preferible: «La huelga afectará a los vuelos nacionales», «Los pasajeros tuvieron que esperar media hora dentro de la pasarela», «Más de 30 personas se quedaron en tierra por culpa de la sobreventa», «El fallo en los servicios de tierra causó la pérdida de miles de maletas», «La selección argentina sufrió las consecuencias del desfase horario tras su viaje a Europa».

❋ SOLECISMOS: EN BUSCA DE LA PREPOSICIÓN EQUIVOCADA ❋

El solecismo es una incorrección consistente en el mal uso de una construcción o en una falta de sintaxis.

Solecismo	Forma correcta
a excepción hecha de	excepción hecha de
a grosso modo	grosso modo
a la brevedad	con la mayor brevedad
a la hora	por hora
a la mayor brevedad	con la mayor brevedad
a lo que se ve	por lo que se ve
a lo que veo	por lo que veo
a pretexto de	bajo pretexto de
a provecho	en provecho
a reacción	de reacción
a resultas	de resultas

Solecismo	Forma correcta
a vapor	de vapor
a virtud de	en virtud de
al punto de	hasta el punto de
al respecto de	(con) respecto a/de
antes de ahora	hasta ahora
bajo el aspecto	en el aspecto
bajo el concepto	en el concepto
bajo el supuesto	en el supuesto
bajo la base	sobre la base
bajo la condición	con la condición
bajo las circunstancias	en las circunstancias
bajo preparación	en preparación (anglicismo por *under preparation*)
bajo revisión	en revisión (anglicismo por *under revision*)
cerca a	cerca de
con motivo a	con motivo de
da la casualidad que	da la casualidad de que
darse de cuenta	darse cuenta
de abajo a arriba	de abajo arriba
de acuerdo a	de acuerdo con
de arriba a abajo	de arriba abajo
de conformidad a	de conformidad con
de corto/medio/largo plazo	a corto/medio/largo plazo
de ex profeso	ex profeso
de motu propio	motu proprio
de gratis	gratis, de balde
de por fuerza	a la fuerza
de sitio a sitio	de sitio en sitio

Solecismo	Forma correcta
en aquí, en allá, en ahí	aquí, allá, ahí
en base a	basándose en, teniendo en cuenta, a partir de, según, de acuerdo con, en función de, con base en, etc.
en dirección de	con dirección a, en dirección a
en el corto/medio/largo plazo	a corto/medio/largo plazo
en el momento que	en el momento en que
en razón a	en razón de
en relación a	en relación con, con relación a
en vistas a	con vistas a, en vista de
mayor a	mayor que
no obstante de/a	no obstante, a pesar de
por cuanto que	por cuanto
por lo consiguiente	por consiguiente
por lo ordinario	de ordinario
por motivo a	con motivo de
por razón a	por razón de
por reconocimiento	en reconocimiento
tan es así	tanto es así, tan así es

En verbos:

Solecismo	Forma correcta
atar en corto	atar corto
críticar contra (alguien)	críticar a
disparar sobre (alguien)	disparar a, hacia o contra
empatar ante	empatar con
ganar ante	ganar a
promesa con (alguien)	promesa a

La RAE considera los términos *castellano* y *español* como sinónimos. Pero es preferible utilizar *castellano* (que proviene del dialecto que se empleaba en Castilla) para referirse al modo de expresión utilizado en España para diferenciarlo de las lenguas de determinadas comunidades autónomas: catalán, gallego, vasco… Y para referirse al instrumento expresivo empleado por la comunidad hispanohablante es más apropiado decir *español*.

✳ PALABRAS QUE SÍ ENTIENDEN DE GÉNERO ✳

Muchas palabras tienen distinto significado según su género, pero mientras que algunas no resultan problemáticas, como *corte, capital, frente* o *coma*, otras provocan errores habituales, como *editorial, margen* y *orden*.

El editorial es el 'artículo de fondo no firmado'. No debe confundirse con *la editorial*, 'casa editora', ni con la *sección* o *página editorial* de un periódico.

Margen, en cambio, es una palabra de género ambiguo. Con el significado de 'orilla de una corriente de agua u orilla de un camino, carretera, etc.', puede usarse en ambos géneros, aunque es más frecuente el femenino: «La margen derecha de la carretera» y «El margen derecho de la carretera».

Es de género masculino con los significados de 'espacio en blanco alrededor de lo escrito', 'ocasión, motivo, oportunidad', 'diferencia prevista entre el cálculo de algo y lo que realmente es' y 'beneficio que se obtiene en una venta, teniendo en cuenta el precio y el coste'.

Orden, en femenino, es 'un instituto religioso aprobado por el papa y cuyos individuos viven bajo las reglas establecidas por su fundador o por sus reformadores, y emiten votos solemnes o un mandato que se debe obedecer, observar y ejecutar'. En masculino, en cambio, es 'uno de los siete sacramentos de la Iglesia católica, que reciben los obispos, presbíteros y diáconos', así como 'relación o respecto de una cosa a otra'. En género ambiguo, puede ser la 'colocación de las cosas en el lugar que les corresponde o el concierto o buena disposición de las cosas entre sí'.

✳ REYES Y PAPAS ✳

La numeración romana que sigue al nombre de los papas solo se lee como ordinal desde el número *I* (*primero*) hasta el *X* (*décimo*).

A partir de ahí se leen como cardinales, como en *Juan XXIII* (*Juan veintitrés*), o en *Benedicto XVI* (*Benedicto dieciséis*).

Esta norma también se aplica a los nombres de los reyes; por ejemplo, *Felipe II* debe leerse *Felipe segundo* y *Luis XIV*, *Luis catorce*.

Además, los nombres de los miembros de las casas reales europeas se traducen al español; por eso Kate Middleton pasó a ser *Catalina*, como las tres mujeres de Enrique VIII que llevaban el mismo nombre. Por lo tanto, se recomienda traducir al español el nombre de la princesa, al igual que hacemos con el resto de los miembros de las familias reales, como *Beatriz de Holanda*, *Margarita de Dinamarca*, *Carlos de Inglaterra*, *Alberto de Mónaco*, etc.

✳ ESTADOS ALARMANTES Y GUERREROS ✳

Estado de alarma equivale a *estado de excepción* o *emergencia*; significa una 'situación oficialmente declarada de grave inquietud para el orden público, que implica la suspensión de garantías constitucionales'.

Estado de guerra equivale a *estado de sitio*; significa 'el estado de una población en tiempo de guerra, cuando la autoridad civil resigna sus funciones en la autoridad militar'. También se define como 'el que según ley se equipara al anterior por motivos de orden público, aun sin guerra exterior ni civil'.

✳ LAS PALABRAS MÁS *FASHION* DE LA MODA ✳

ad lib: ropa informal, cómoda, de colores claros, hecha con tejidos naturales. Un ejemplo de ropa o moda *ad lib* es la ropa ibicenca.

babydoll: tipo de vestido mini con corte debajo del pecho; denominado también de *premamá*.

backstage: situado entre bastidores, entre bambalinas o entre cajas, que se produce detrás del escenario.

bandeau **o, en la forma hispanizada,** *bandó*: banda sin tirantes que se usa como top, sujetador o bikini.

birkin: modelo de bolso que toma el nombre de la cantante francesa Jane Birkin.

blazer: chaqueta deportiva, con origen en la indumentaria marina y deportiva.

bling bling: moda acuñada por el *hip-hop*, caracterizada por el uso en exceso de bisutería y otros ornamentos.

book: libro de fotografías que reflejan la trayectoria profesional de un artista, modelo, etc., y que suele presentarse como parte de su currículo.

bouclé: hebilla (del cinturón, del zapato).

british: típica ropa de cuadros, al estilo británico.

casual: ropa informal.

catwalk: pasarela.

chal: prenda de vestir femenina, mucho más ancha que larga, generalmente de seda o de lana, y que se lleva sobre los hombros como abrigo o como adorno.

chantillí: encaje de bolillos de malla hexagonal. Su plural es *chantillís*.

cheap chic: ropa barata a la moda.

chic: elegante, distinguido y a la moda.

choker: gargantilla, collar.

colección crucero o *cruise collection*: colección de temporada interestacional, es decir, que no es de temporada invernal ni veraniega.

cool: moderno, a la moda, a la última.

coolhunter: rastreador o cazador de tendencias.

cuña: plataforma del zapato completa y compacta que suele elaborarse en corcho o madera.

customizar: adaptar o transformar un producto o servicio (preferentemente de forma casera) al gusto o las necesidades del usuario, personalizando la nueva prenda.

denim: tela vaquera.

desestructurado: prenda que ha sido pensada y hecha de una forma que no es la que por naturaleza pide.

doctor bag: bolso que imita los viejos maletines de los doctores.

escote balconette: escote que reproduce un sujetador en el exterior del vestido.

eyeliner: lápiz de ojos, delineador de ojos.

fashion victim: persona que sigue las tendencias de la moda al pie de la letra.

flip flop: calzado ligero consistente en una suela de goma que se sujeta al pie con dos tiras que pasan entre los dedos; conocido también como *hawaianas*.

foulard o la forma hipanizada *fular*: tela; pañuelo para el cuello o bufanda de seda.

fourreau: prenda de vestir ajustada, parecida a un vestido, que se pone sobre un pantalón o una falda.

front row: primera fila.

glam rock: estética relacionada con el tipo de música rock caracterizada por la ropa y el maquillaje extravagantes.

glamour o la forma hispanizada *glamur*: tipo de belleza muy elegante y sofisticada.

grunge: estilo que se caracteriza por la ropa suelta y los vaqueros rotos.

heroin chic: estética de los años noventa que se caracteriza por personas con la piel pálida y ojeras, inspirada en la drogadicción.

jacquard: tela con motivos geométricos de distintos colores.

jogging: chándal.

kitten heel: tacón fino y bajo, llamado también *tacón chincheta*.

leggings: malla ceñida al cuerpo desde la cintura a los tobillos.

línea A: corte de un traje que reproduce la forma de un trapecio.

lúrex: fibra sintética, elástica y brillante, formada por un hilo de aluminio recubierto de una lámina transparente de plástico de diferentes colores.

manoletinas: zapatos bajos, de punta redondeada, parecidos a los que usan los toreros; también se los llama *bailarinas*.

manolos: zapatos de la marca Manolo Blahnik.

mary jane o merceditas: zapatos con tira o pulsera abrochada a un lado del empeine.

masstige: prestigio para las masas.

mitones: guantes de punto que dejan al descubierto los dedos.

monogram: logo de la firma entrelazado o estampado en sus prendas y complementos.

mule: calzado descubierto por el talón, que se sujeta al pie por su parte delantera, como los zuecos, pero sin la necesidad de tener la suela de madera.

must have **(de la temporada)**: prendas o accesorios imprescindibles en cada temporada.

naif: que representa la realidad afectando la ingenuidad de la sensibilidad infantil y se caracteriza por una gran simplicidad en las formas y el uso de colores muy vivos.

naked bag: bolso de plástico, original de Chanel.

nude: color carne o maquillaje.

outfits: accesorios.

oversize: talla grande.

pailletes: lentejuelas.

patchwork: prenda hecha con pequeñas piezas de tejido cosidas por los bordes entre sí; con él se confeccionan colchas, tapices, alfombras, etc.

peep-toe: zapatos cerrados, abiertos por delante y que enseñan los dedos del pie.

personal shopper: asistente de imagen personal.

retro: anticuado, de un tiempo pasado, que lo imita o que lo evoca.

shooting: sesión fotográfica.

shopping: acción de ir de compras.

shorts: pantalón corto, usado principalmente para practicar deportes.

showroom: sala de exposición y venta.

slim: delgado, fino, esbelto.

sneaker: zapatilla deportiva.

stilettos: zapatos de señora con un tacón de 10-12 centímetros; llamados también *tacones de aguja*.

strapless: sin tirantes.

street style: estilo de la calle.

style: estilo, manera, modo.

superposiciones: prendas puestas unas encima de otras.

top-model: supermodelo.

total look: vestir por completo de la misma marca o del mismo color.

trendsetter: marcador de tendencias, persona que pone de moda una manera de vestir o una prenda.

trendy: persona a la moda, vanguardista, moderno.

tweed: tejido de lana virgen escocesa, de textura irregular y peluda, que tiene un aspecto rústico pero suave al tacto; se caracteriza por su jaspeado y por ser cálido, fuerte y resistente al desgaste.

vintage: tendencia estética que consiste en mezclar prendas de décadas anteriores y de gran calidad con elementos actuales.

✳ EL CUADRADO DE LAS BERMUDAS ✳

El término *bermuda* es un caso atípico en la lengua española, pues admite empleo en masculino, femenino, singular y plural sin que cambie el objeto al que se refiere.

Así, el término *bermudas*, referido a 'un pantalón o bañador amplio que llega a la altura de la rodilla', generalmente se usa en plural para referirse al singular: «Se me han roto las bermudas». Pero también es correcta, aunque menos frecuente, la forma en singular *bermuda*: «Me he comprado un/una bermuda». Y se emplea en ambos géneros, aunque en plural es más frecuente el femenino (*unas bermudas*), y en singular, el masculino (*un bermuda*).

✳ LOS LATINISMOS CON MAYOR ÍNDICE DE ERROR ✳

Grosso modo es una locución latina que significa 'aproximadamente o a grandes rasgos'. Es siempre incorrecto anteponer la preposición *a*: *a grosso modo*.

Motu proprio es la forma correcta de escribir esta locución latina, sin la preposición *de*, con una *r* tras la segunda *p* y en letra cursiva. Su significado es 'por propia iniciativa'.

La locución latina *statu quo* es invariable en plural: *el statu quo, los statu quo*. *Statu quo* se emplea con el sentido de 'estado de un asunto o cuestión en un momento determinado': «El economista advierte de que no se puede volver al *statu quo* que desencadenó las turbulencias financieras». *Status Quo* es una banda de rock británica.

Se mantiene la tilde en los latinismos adaptados de una sola palabra y de uso frecuente:

> *déficit, cuórum, ínterin, imprimátur, factótum, hábitat, plácet, accésit, vademécum, réquiem, ítem, ultimátum, cuórums, accésits, vademécums, réquiems, ítems, ultimátums.*

Las locuciones latinas se escriben sin tildes y en cursiva:

> *habeas corpus, delirium tremens, curriculum vitae, ad libitum, ad nauseam, alter ego, vox populi, sui generis.*

En ocasiones, en la prensa se confunden las palabras *lapso* y *lapsus* al usar esta última para hablar de un período de tiempo: «Especialmente traumático ha sido el lapsus de tiempo en el que el conjunto blanco ha estado apartado de las últimas rondas de Champions», «Este lapsus de tiempo tendría sus ventajas y desventajas», «Esto se hará efectivo por el lapsus de un año».

Según el *Diccionario panhispánico de dudas,* el significado de *lapsus* es 'falta o equivocación que se comete por descuido', mientras que *lapso* quiere decir 'intervalo de tiempo'.

Por lo tanto, en los ejemplos citados lo correcto hubiera sido decir: «Especialmente traumático ha sido el lapso de tiempo en el que el conjunto blanco ha estado apartado de las últimas rondas de Champions»; «Este lapso de tiempo tendría sus ventajas y desventajas», «Esto se hará efectivo por el lapso de un año».

✳ CRÍMENES DEL LENGUAJE ✳

El lenguaje periodístico referido a procesos judiciales o actos delictivos está lleno de *infracciones lingüísticas* que conviene evitar.

Encontrar culpable y *hallar culpable* son calcos del inglés *to find guilty*: «Los señores fueron hallados culpables de…». En español se dice *declarar culpable*: «Los señores fueron declarados culpables de…».

El término inglés *crime* no tiene exactamente los mismos significados que el español *crimen*. Las dos voces están vinculadas al ámbito del delito, pero tienen matices muy significativos que se deben tener en cuenta al traducir una información para no incurrir en errores conceptuales. Aunque uno de los sentidos de la voz inglesa *crime* se refiere a un delito grave, en general se emplea para indicar delincuencia y delitos comunes, mientras que en español *crimen* alude especialmente a delitos graves, incluida la acción de matar a alguien, que en inglés sería *murder* o *assassination* (si se trata de un magnicidio). Jurídicamente, *asesinato* es un homicidio premeditado; *crimen* es cualquier acción punible tipificada por la ley, como el robo, la violación, el asesinato, etc., y *homicidio* es la muerte causada a una persona por otra. Por lo tanto, no deben emplearse como sinónimos.

La *sentencia* es la 'resolución que, dictada por un juez, pone fin a una causa judicial'. Una de las partes finales de toda sentencia es el *fallo*, que significa el 'pronunciamiento jurídico sobre la cuestión debatida'. El fallo, por su parte, puede absolver al imputado o condenarlo, esto es, 'imponerle una pena'. *Veredicto*, por último, proviene del derecho anglosajón, que denota específicamente el 'parecer, dictado o juicio emitido por un jurado'.

Presunto y *supuesto* no son sinónimos cuando califican al posible autor de un delito. Es frecuente encontrar en los medios de comunicación frases como «La policía ha detenido al presunto autor del asesinato de una mujer de 43 años», «Un hombre de 25 años fue detenido como presunto autor de un intento de agresión sexual a una joven». Se utiliza *presunto* para designar a quien se considera posible autor de un delito cuando se han abierto diligencias procesales pero aún no hay fallo de la sentencia, y se emplea *supuesto* cuando existen indicios de criminalidad pero no se ha abierto causa judicial. Para evitar posibles deslices y no calificar de presunto autor de un delito a personas contra las que ni siquiera se ha abierto causa judicial, en los ejemplos anteriores lo aconsejable hubiera sido escribir: «La policía ha detenido al supuesto autor del asesinato de una mujer de 43 años», «Un hombre de 25 años fue detenido como supuesto autor de un intento de agresión sexual a una joven» o, incluso, «Un hombre de 25 años fue detenido como sospechoso de un intento de agresión sexual».

Infligir significa 'imponer un castigo, causar daño', y no debe confundirse con *infringir*, que es 'quebrantar una ley, un precepto, una orden'.

Los verbos *secuestrar* y *raptar* se suelen emplear como sinónimos con el sentido de retener por la fuerza a una persona con el fin de pedir un rescate u otro tipo de exigencias o concesiones. Es preferible, sin embargo, emplear *secuestrar* de forma general y reservar *raptar* solo para cuando se trata de menores de edad o hay un motivo de índole sexual.

Evidencia significa 'certeza absoluta y manifiesta que no admite duda', y no debe emplearse con el significado de 'prueba'. Una de las vías de introducción del uso incorrecto de *evidencia* es la traducción del inglés *evidence*, que a pesar de tener similar grafía respecto al término castellano no significa lo mismo, pues su significado es 'aquello que hace evidente y da indicios de algo, aquello que muestra o establece la verdad o la falsedad de algo, prueba'.

El adjetivo *cruel* se refiere a lo que es difícil de soportar y a alguien que se complace en hacer sufrir a otro: «Las imágenes de las personas afectadas por el hambre y la sequía resultan muy crueles», mientras que el adjetivo *cruento* se aplica a lo que implica derramamiento de sangre: «Más de 50 personas murieron en un cruento atentado perpetrado por un suicida en la localidad iraquí de Moqdadiya», «Ambos países protagonizaron un cruento conflicto bélico por el control de territorio fronterizo». Así pues, en lugar de «Una jueza aceptó la petición de un matrimonio para que su hijo, que sufre una enfermedad incurable, no sea sometido a tratamientos cruentos», debe decirse «... no sea sometido a tratamientos crueles».

La expresión *querella criminal* es redundante: una querella siempre inicia un proceso penal; por tanto, debe hablarse simplemente de *querella*. *Perpetrar*, cuyo significado es 'cometer, consumar un delito o culpa grave', no es el verbo apropiado en frases como «Fallecieron a causa de la explosión perpetrada por un suicida en un mercado popular», puesto que la palabra *explosión* no es el nombre de ningún delito. Lo correcto sería decir: «Fallecieron por la explosión causada por un suicida en un mercado popular». Tampoco se *perpetran tiros*, aunque se pueden perpetrar asesinatos disparando tiros.

✳ *SI NO/SINO* ✳

Sino es una conjunción adversativa que se escribe en una sola palabra y se usa, principalmente, para contraponer un concepto a otro: «No estudia, sino que trabaja», mientras que *si no* introduce una oración condicional: «Si no estudias, no aprobarás».

Resulta muy habitual leer en los medios de comunicación grafías equivocadas, como «Sino lo hubiera intervenido el juez, se habrían autorizado las obras» o «El secretario general no fue expulsado, si no que dimitió», cuando lo adecuado hubiera sido escribir «Si no lo hubiera intervenido el juez, se habrían autorizado las obras» o «El secretario general no fue expulsado, sino que dimitió».

Una forma sencilla de saber cuándo debe escribirse *si no*: se escribe en dos palabras cuando se puede intercalar entre *si* y *no* algún elemento sin que se pierda el sentido en el texto, como en «Si (el juez) no hubiera intervenido…», «No aprobará si (él) no estudia», «Si (tú) no quieres, no iré».

Sino es, también, un sustantivo que significa 'destino o fuerza desconocida que actúa sobre las personas y determina el desarrollo de los acontecimientos': «El sino de la humanidad es el progreso».

a (preposición)	ah (interjección); ha (verbo *haber*)
abollado ('hundido por golpe')	aboyado ('arrendado para ser labrado por bueyes')
acerbo ('áspero, duro')	acervo ('montón de cosas')
agito (verbo *agitar*)	ajito ('ajo pequeño')
alagar ('llenar de lagos')	halagar ('mostrar afecto, admiración')
aprender ('adquirir conocimientos')	aprehender ('asir' o 'asimilar o comprender ideas o conceptos')
arrollo (verbo *arrollar*)	arroyo ('río pequeño')
as ('campeón deportivo')	has (verbo *haber*)
ato (verbo *atar*)	hato ('ropa u objetos personales recogidos en un envoltorio' o 'rebaño')
baca ('elemento de transporte')	vaca ('hembra del toro')
bacía ('vasija')	vacía (verbo *vaciar*)
bacilo ('bacteria')	vacilo (verbo *vacilar*)
balido ('sonido de la oveja')	valido ('primer ministro' o verbo *valer*)
barón ('título aristocrático')	varón ('hombre')
basto ('tosco, grosero')	vasto ('ancho')
baya ('fruto carnoso')	vaya (verbo *ir*)
bello ('hermoso')	vello ('pelo corto y suave')
bienes ('posesiones')	vienes (verbo *venir*)
bobina ('carrete')	bovina ('perteneciente al toro o a la vaca')
botar ('arrojar o dar botes')	votar ('emitir votos')
botas ('calzado')	votas (verbo *votar*)
cabo ('punta' o 'grado militar')	cavo ('cóncavo' o verbo *cavar*)
callado (verbo *callar*)	cayado ('báculo')
callo ('dureza' o verbo *callar*)	cayo ('isla')
calló (verbo *callar*)	cayó (verbo *caer*)

combino (verbo *combinar*)	convino (verbo *convenir*, 'acordar')
desmallar ('quitar mallas')	desmayar ('desvanecer')
errar ('equivocarse')	herrar ('poner herradura a una caballería')
estibo (verbo *estibar*)	estivo ('verano')
gira ('excursión, viaje')	jira ('trozo de tela')
graba (verbo *grabar*)	grava ('carga, tributo' o 'piedrecillas')
grabar ('captar y almacenar imágenes o sonidos por medio de un disco, una cinta magnética u otro procedimiento, de manera que se puedan reproducir')	gravar ('imponer un gravamen')
grabe (verbo *grabar*)	grave ('importante', 'serio', 'muy enfermo, etc.)
gragea ('confite pequeño')	grajea (verbo *grajear*)
haber (verbo)	a ver (preposición *a* + verbo *ver*)
había (verbo *haber*)	avía (verbo *aviar*)
halla (verbo *hallar*)	haya (verbo *haber* o 'tipo de árbol'); aya (niñera)
hasta (preposición)	asta ('lanza, palo, cuerno')
hojear ('pasar las hojas')	ojear ('escudriñar')
hora (unidad de tiempo)	ora (verbo *orar*)
hulla ('tipo de carbón')	huya (verbo *huir*)
huso ('instrumento para hilar')	uso (verbo *usar*)
ingerir ('tomar alimentos')	injerir ('injertar una planta' o 'meter una cosa en otra')
izo (verbo *izar*)	hizo (verbo *hacer*)
La Haya (ciudad)	la haya (pronombre *la* + verbo *haber*): «No creo que la haya visto»
libido ('deseo carnal')	lívido ('intensamente pálido' o 'amoratado')

malla ('red')	maya ('antiguo pueblo indio')
nabal ('tierra sembrada de nabos')	naval (relativo a las naves y a la navegación)
novel ('que comienza a practicar una actividad o tiene poca experiencia en ella')	Nobel (premio)
ola ('onda marina')	¡hola! (interjección, saludo)
olla ('vasija redonda')	hoya ('cavidad')
onda ('ondulación')	honda ('profunda')
pollo ('cría de ave')	poyo ('banco de piedra')
pulla ('dicho agudo para herir a alguien')	puya ('punta acerada de varas de picadores')
rallar ('desmenuzar con un rallador')	rayar ('hacer rayas')
rayo (fenómeno atmosférico)	rallo (verbo *rallar*)
rebelar ('sublevarse')	revelar ('hacer visible la imagen de una película fotográfica' o 'descubrir')
recabar ('reclamar, conseguir')	recavar ('volver a cavar')
reusar ('volver a usar')	rehusar ('rechazar, no aceptar')
rivera ('río')	ribera ('orilla')
sabia ('que sabe mucho')	savia ('líquido de las plantas')
té (infusión)	te (pronombre o nombre de la letra t)
tubo (pieza cilíndrica hueca)	tuvo (verbo *tener*)
valla ('línea de estacas o tablas')	vaya (verbo ir)
vegete (verbo *vegetar*)	vejete (diminutivo de *viejo*)
veta ('vena, filón')	beta (letra griega)
vidente ('que puede ver' o 'profeta')	bidente ('con dos dientes')
u (letra del alfabeto)	¡uh! (interjección)

Aún, con tilde, puede sustituirse por *todavía* sin alterar el sentido de la frase, y es una palabra bisílaba tónica: «No ha terminado el trabajo aún (*todavía*)».

Aun, sin tilde, puede significar 'hasta', 'también', 'incluso' o, anteponiendo la conjunción *ni*, 'siquiera', y es una palabra monosílaba átona: «Aprobaron todos, aun (*hasta/también/incluso*) los que habían estudiado poco», «No hizo nada por él, ni aun (ni *siquiera*) lo intentó».

※ ¿SABÍA USTED QUE *MÓDEM* ES UN ACRÓNIMO? ※

Módem es el acrónimo que suma las primeras sílabas de *modulación* y *demodulación* en inglés, pues se refiere al aparato que convierte las señales digitales en analógicas para su transmisión, o a la inversa.

※ *MENSTRUAL* ※

Menstrual, con nueve letras, es el vocablo más largo con solo dos sílabas.

※ DE LA VASELINA AL CLÍNEX, MARCAS CONVERTIDAS EN NOMBRES COMUNES ※

Muchas marcas registradas se han ido convirtiendo, por el uso que de ellas han hecho los hablantes, en sustantivos comunes con sentido genérico. Algunos ejemplos son *vaselina* (que procede de la marca *Vaseline*), *celofán* (de *Cellophane*), *aspirina* (de *Aspirin*), claxon (de *Klaxon*), *jeep* (de *Jeep*), *pósit* (de *Post-it*), *clínex* (de *Kleenex*) o *kiwi* (era la marca que los distribuía).

Lo mismo ha pasado con *wifi*, que, a partir de la marca *Wi-Fi*, ha pasado a ser utilizado como un sustantivo común con el que se alude a cierta tecnología de comunicación inalámbrica (por ejemplo, «La wifi de la empresa se ha averiado») y también como el adjetivo correspondiente («Pensamos instalar diez puntos de acceso wifi»).

✳ LAS COMILLAS ✳

Comillas españolas (« »)
Las comillas españolas, también llamadas *latinas* o *angulares*, son las que recomienda la RAE, a pesar de la popularidad de las comillas inglesas. Por tanto, en un texto impreso se utilizarán las comillas españolas en primer lugar; en segunda instancia, las comillas inglesas, y en último lugar las comillas simples (« " ' ' " »):

En el libro que leí se decía lo siguiente: «Juan exclamó: "¡Qué 'simpático' eres tú!, ¿no?"».

Respecto al nombre que se le debe dar a este tipo de comillas (« »), no existe una respuesta unánime. Se ha llegado a decir que la denominación *comillas angulares* podría no ser del todo apropiada, si consideramos que existen fuentes tipográficas en que estas comillas son curvas, algo así como dos pequeños paréntesis.

Para evitar este problema, Ramos Martínez (en su libro *Corrección de pruebas tipográficas*) llama *comillas españolas* a las comillas angulares, y *francesas* a las que son curvas.

Sin embargo, en algunos escritos (por ejemplo, en el *Diccionario de edición, tipografía y artes gráficas*) a las comillas españolas se las denomina *comillas francesas*, puesto que afirman que se emplearon por primera vez en Francia, probablemente como una estilización de las inglesas.

Otra hipótesis es que se trata de una duplicación del signo antilambda (< >).

Una tercera indica que lo correcto para estas comillas es llamarlas *francesas*, en honor a quien se cree que las inventó, Guillaume Le Blé, tipógrafo del siglo xvi. A favor de esta versión se encuentra el hecho de que durante algún tiempo dichas comillas fueron llamadas *guillemets*, precisamente en referencia al nombre de su creador.

Comillas inglesas (" ")
Reciben, además, el nombre de *comillas dobles*.

Su uso no es universal. Algunos manuales de estilo (particularmente ingleses, como el de Oxford) prefieren las comillas simples (' '), abogando que con ellas se evitan los «huecos amplios» que dejan las comillas dobles bajo ellas, lo cual puede restar fluidez en la lectura. Este problema no se da con las comillas españolas o angulares (« »).

Comillas rectas dobles (" ")
Son una variante de las inglesas, procedentes de la mecanografía. No tienen curva, sino que son completamente rectas.

Comillas simples (' ')
Se utilizan, en obras de carácter lingüístico, para enmarcar el significado de un término:

> La palabra *binocular* se compone de los términos latinos *bis* ('dos veces') y *oculus (-i)* ('ojo').

Las comillas simples se llaman así porque cada uno de esos signos es simple y no doble. En español apenas se usan más que las comillas simples inglesas, como comillas de tercer nivel:

> Me dijo: «Me gustó el artículo "Origen de la palabra 'sur'", que era muy detallado».

No debe confundirse la comilla simple recta, que es vertical, con la prima, que está ligeramente inclinada, y con el acento grave o el agudo, que tienen una inclinación aún mayor.

Las comillas de seguimiento

En citas extensas (de varios párrafos) se colocarán comillas de apertura («) al principio del primer párrafo, y las de cierre (»), solo al final del todo. A partir del segundo párrafo de la cita, se comenzará con comillas de seguir (que son como las de cierre).

Las citas extensas también pueden reproducirse con un sangrado a la izquierda (a veces a ambos lados) y con un tamaño de letra menor (normalmente de uno a tres puntos), por lo que las comillas son innecesarias.

————— ❁❁❁ —————

✳ ENANTIOSEMIA: UNA PALABRA, DOS SIGNIFICADOS OPUESTOS ✳

Se llama *enantiosemia* a un tipo de polisemia en el que una palabra tiene dos sentidos opuestos. La oposición entre los significados puede ser de distintos tipos: de complementariedad, antonimia graduable, antonimia por reversión o antonimia por conversión.

A las palabras con enantiosemia también se las llama *autoantónimos* (en alemán este fenómeno es llamado *Gegensinn*, y en inglés *contronymy*). El origen de la enantiosemia está a menudo en una figura denominada *antífrasis*, por la que se designan personas o cosas con voces que significan lo contrario de lo que se debiera decir, y en los usos irónicos. Dado el marcado contraste de significados, rara vez la enantiosemia origina ambigüedad.

alquilar	'dar en alquiler' y 'tomar en alquiler'; lo mismo *rentar* y *arrendar*
dar clase	'impartirla como profesor' y también 'ir a clase como estudiante'
día feriado	'día festivo' y 'día de trabajo'; el sentido puede depender del país o la zona
en absoluto	'de una manera general, resuelta y terminante' y 'no, de ningún modo'
friolera	'cosa de poca monta o de poca importancia' y 'gran cantidad de algo'
gracia	'cualidad que hace agradable a la persona o cosa que la tiene' y 'cosa que molesta e irrita'
gracioso	'que resulta agradable o atractivo' y 'molesto, sin gracia'
huésped	'persona alojada en casa ajena' y 'persona que hospeda en su casa a otra'
música	'sonido grato al oído' y 'ruido desagradable'
nimiedad	'pequeñez, insignificancia' y 'exceso, demasía'
perla	'cosa preciosa o exquisita en su clase' y 'frase llamativa por desafortunada'
sancionar	'aprobar' y 'castigar'

✳ *BIENVENIDO Y BIEN HALLADA* ✳

Dependiendo de a quién se dirija la persona que pronuncie esta expresión, se escribirá en masculino o femenino. Si un hombre saluda a una mujer con la expresión *bienvenida*, esta le tiene que responder *bien hallado*, en masculino, pues la mujer se está dirigiendo a un hombre.

Si la persona que le da la bienvenida fuera otra mujer, lo adecuado sería usar el femenino: *bien hallada*. Si fuesen varias mujeres, también el femenino, esta vez en plural: *bien halladas*. Y si fueran varios hombres o una mezcla de hombres y mujeres, el masculino plural: *bien hallados*.

Y si una mujer le dice a un hombre *bienvenido*, este tendría que contestar *bien hallada*, ya que el hombre se dirige a una mujer.

✳ TRANSCRIPCIÓN DEL ÁRABE ✳

Se recomienda adaptar a los sonidos españoles las transcripciones inglesas y francesas de los nombres propios árabes.

Si bien existe un sistema de transcripción del árabe al español fijado por la Escuela de Estudios Árabes de Granada, que es el usado por los arabistas en sus trabajos científicos, no es el más apropiado para los medios de comunicación, puesto que es un sistema fonológico muy especializado que, al dar a cada letra del alfabeto árabe una equivalencia gráfica con el alfabeto latino, se ve en la necesidad de emplear diacríticos difícilmente inteligibles para los no iniciados.

Un sistema de transcripción simplificado y muy común es el que establece las siguientes correspondencias: el dígrafo *th* utilizado en las transcripciones al inglés y al francés equivale a nuestra *z* (de *Al Thani, Al Zani*); la letra *j* y el dígrafo *dj* deben cambiarse por *y* (de *Rafsanjani, Rafsanyani*; de *Bendjedid, Benyedid*); en lugar de *kh* escribiremos *j* (de *Abdel Halim Khadam, Abdel Halim Jadam*); si nos encontramos con *gh* debemos sustituirlo por *g* ante vocal fuerte o *gu* ante vocal débil (de *Butros Ghali, Butros Gali*); la grafía inglesa *oo* y la francesa *ou* equivalen a nuestra *u*; la *ee* será simplemente una *i*, y siempre que nos encontremos con una duplicación consonántica, *ss, mm, ll* o *dd* debemos simplificarla y escribir una sola letra, excepto en el caso de la *rr* (de *Hussein, Husein*; de *Amman, Amán*; de *Muhammad, Muhamad* o *Mohamed*; de *Gaddafi, Gadafi*).

Hay algunos nombres, como por ejemplo *Faruk al Charaa* o *Samir Yaayaa*, en los que la duplicación es vocálica y se debe respetar, pues se trata de la única forma posible de transcribir.

En cuanto a la tilde, debemos aplicar las reglas de acentuación del español teniendo en cuenta la pronunciación de la palabra en árabe. La pronunciación también es importante al escribir el artículo que precede a muchos nombres: habrá que modificar la *l* de *al* por la consonante siguiente en el caso de que sea así como se pronuncia (*As Sadat*). El artículo se escribe siempre con minúscula, excepto cuando esté al principio de un nombre propio o después de un punto y seguido o aparte, y nunca escribiremos un guion entre el artículo y el nombre al que precede.

Cuando el nombre propio empiece por *Abd*, lo escribiremos unido a la palabra que le sigue (*Abdelaziz, Abdelkader, Abdalah*, etc.). Si el nombre empieza por *Abu* o *Abi*, lo escribiremos también sin separación si va seguido de artículo (*Abulkasim, Abilhasan…*) o separado si no va seguido del artículo (*Abu Sulaimán, Abi Yahia*). Por último, hay algunos nombres en los que podemos elegir entre su forma tradicional en español, teniendo en cuenta que ambas grafías son válidas (*Mohamed* o *Muhamad, Abdalá* o *Abdalah*, etc.).

✳ *HISPANOPARLANTE* O *HISPANOHABLANTE* ✳

Aunque las palabras compuestas con *parlante* son válidas, se prefiere el uso de *hablante*. La tendencia a utilizar *parlante* con el sentido de 'persona que habla una lengua determinada' se debe a la influencia del término francés *parlant*, que en español se traduce por 'hablante'. En español, *parlar* es 'hablar mucho y sin sustancia'. Por lo tanto, cuando no se trate de personas con la lengua suelta, en lugar de *hispanoparlante, catalanoparlante, gallegoparlante, vascoparlante, angloparlante* es mejor emplear *hispanohablante, catalanohablante, gallegohablante*.

El empleo de la arroba no es recomendable para evitar poner una palabra en masculino o en femenino cuando se alude a un grupo heterogéneo: *Querid@s compañer@s.*

No es un signo lingüístico, por lo que, según la norma, conviene no utilizarlo. Además, no siempre se puede aplicar esta fórmula: en *el Día del Niñ@, del* se refiere solo al masculino.

Pese a que el término *arroba* se ha popularizado en la era de la informática, es también una medida de líquidos que varía de peso según las provincias y los mismos líquidos. Aunque en general está aceptado que una arroba equivale a 11,502 kg, en Aragón, por ejemplo, equivale a 12,5 kg.

✳ ATERRIZA COMO PUEDAS ✳

Amartizar y el sustantivo *amartizaje* son palabras bien formadas para referirse a la acción de las naves espaciales que se posan en Marte, pero *aterrizar* y el sustantivo *aterrizaje* se refieren a aviones, helicópteros, cohetes o cualquier otra nave voladora que 'se posa' sobre tierra firme o sobre cualquier superficie que sirva a tal fin, independientemente de que se trate de Marte, de otro planeta o satélite. El verbo *alunizar* significa 'aterrizar en la Luna' y, en España, además, 'estrellar un vehículo contra un escaparate para romper la luna, entrar y robar'. Este nuevo sentido se ha extendido a *alunizaje,* sustantivo ya existente para designar la acción de alunizar, y *alunicero,* creado para denominar a la persona que comete robos de este tipo. Estos términos deben escribirse en redonda y sin comillas.

En los casos en que la superficie sobre la que se posa la nave es acuática, se utilizan verbos como *amerizar, amarizar, amarar* y *acuatizar.* El Diccionario de la Real Academia recoge los cuatro, pero *acuatizar* se usa solo en América. Sus correspondientes sustantivos son *amerizaje, amarizaje, amaraje* y *acuatizaje*, respectivamente.

✳ *SEXAPIL, NOCAUT, YÓQUEY* Y OTRAS FORMAS HISPANIZADAS LLAMATIVAS ✳

Aunque hay formas hispanizadas que ya se han asumido como habituales, como *fútbol* o *cruasán*, hay otras que todavía siguen llamando la atención.

Una de ellas es *sexapil*, castellanización propuesta para la voz inglesa *sex appeal*, que se puede sustituir por formas españolas como *atractivo sexual, atractivo físico*.

K.O. es la abreviatura de *knock-out*, que ha sido hispanizada en la forma *nocaut*. Se emplea en boxeo con los sentidos de 'golpe que deja fuera de combate' y 'derrota por fuera de combate'. Puede emplearse la abreviatura *K.O.* o usar la forma *knock-out* en cursiva, pero se prefiere la forma hispanizada *nocaut* (plural *nocauts*). El verbo *noquear*, a su vez, también es correcto.

Yóquey es la forma hispanizada de la voz inglesa *jockey*, con la que se denomina al jinete profesional, y su plural es *yoqueis*. No debe confundirse con *jóquey*, forma hispanizada de *hockey*, que significa 'deporte de equipo que se juega golpeando una pelota o un disco con un bastón'.

Zum, forma hispanizada de la voz inglesa *zoom*, es un 'teleobjetivo especial, cuyo avance o retroceso permite acercar o alejar la imagen', así como 'el hecho de acercar o alejar la imagen'. Su plural es *zums*.

account manager: 'director de cuentas'

accrued interest: 'interés acumulado'

administered prices: 'precios intervenidos' o 'precios regulados' (según el caso)

apportionment: 'prorrateo'

appreciation: 'plusvalía' o 'revalorización', 'aumento de valor o cotización'

approach: 'acercamiento' o 'aproximación'

assistant: 'ayudante'

assistant junior: 'ayudante'

assistant to managing director: 'secretario ejecutivo'

auditing: 'revisión de cuentas' o 'auditoría'

bank lending: 'crédito' o 'préstamo bancario'

bank rate: 'tipo de descuento' o 'tasa de descuento'

benchmark: 'punto de referencia'

briefing: 'sesión informativa' (a veces equivale simplemente a 'información')

broker: 'agente o intermediario financiero', 'corredor de seguros o de bolsa'

cash: 'dinero en efectivo'

cash flow: 'liquidez' o 'efectivo' o 'recursos generados', 'flujo de efectivo o de tesorería'

cash price: 'precio al contado'

cash resources: 'recursos en efectivo'

cash surplus: 'excedente de caja'

clash: 'conflicto' o 'desacuerdo'

clearing: 'compensación bancaria'

clearing house: 'cámara de compensación'

consulting: 'consultoría', 'empresa consultora' o 'asesoría empresarial'

consultor senior: 'consultor (o asesor) experto (o con experiencia)'

controller: 'contralor, interventor, fiscalizador' (en España equivale muchas veces a *director administrativo*)

cost inflations: 'inflación de costes'

crawling peg: 'ajuste de la paridad', 'fijación/ajuste gradual de los tipos de cambio', 'tipo de cambio móvil'

currency depreciation: 'depreciación de la moneda'

dealer: 'apoderado' o 'intermediario' (si se trata de un banco comercial)

deferred payment: 'pago diferido' o 'a plazos'

deficiency payments: 'pagos compensatorios'

disguised unemployment: 'paro encubierto'

domestic debt: 'deuda interna'

domestic trade: 'comercio interior'

downsizing: 'creación de estructuras empresariales más pequeñas y manejables que las convencionales'

dumping: 'práctica de competencia desleal que consiste en vender a precios inferiores al costo, para controlar el mercado'

entrepôt: 'puerto franco'

estanflación: 'inflación combinada con bajo crecimiento económico y paulatino aumento del desempleo' (vocablo formado por cruce entre *estancamiento* e *inflación*, para traducir el inglés *stagflation*)

eurocurrency: 'eurodivisas'

factoring: 'cobro de deudas de otra persona' (cesión de créditos)

foreign loan: 'préstamo del extranjero'

forfait: 'precio global' o 'tanto alzado'

free trade: 'librecambio'

hedge funds: 'fondos de alto riesgo'

holding: 'grupo financiero o industrial'

hot money: 'dinero ambulante'

hyperinflation: 'inflación galopante'

inputs: 'factores de producción'

joint venture: 'acuerdo de inversiones conjuntas' o 'negocios en participación'

key account manager: 'director de grandes cuentas' o 'responsable de grandes clientes'

landed property: 'bienes raíces'

leasing: 'arrendamiento con opción de compra'

loan: 'préstamo' o 'empréstito'

lock-in effect: 'efecto cerrojo' o 'retraimiento'

lock-out: 'cierre patronal'

lump-sum tax: 'impuesto a tanto alzado o global'

management: 'conjunto de técnicas de organización y de gestión de un negocio (o de una empresa)'

mánager: 'gerente', 'administrador' o 'directivo'

market price: 'precio de mercado'

market research manager: 'director de investigación de mercado'

marketing: 'mercadotecnia' o el término hispanizado 'márquetin'

medium-term loan: 'préstamo a medio plazo'

merchandiser: 'promotor comercial'

merchandising: 'comercialización', 'promoción comercial', 'incentivación de ventas', 'promoción de ventas' o 'promoción en el punto de venta'

mibor: 'precio del dinero o tipo de interés básico en el mercado cambiario'

moonlight: 'pluriempleo'

non performing debt: 'deuda no exigida'

nopep: 'países subdesarrollados no exportadores de petróleo'

output: 'producción', 'volumen de producción', 'resultado'

outsourcing: 'subcontratar', 'externalizar', 'tercerizar'

plusvalía: 'acrecentamiento del valor de una cosa por causas extrínsecas a ella' (en inglés, *premium*, *increase in value*)

pool: 'agrupamiento de empresas'

prime rate: 'tasa (o tipo de interés) preferente'

private equity: 'fondos de capital'

private property: 'propiedad privada'

promissory note: 'pagaré'

rating: 'clasificación', 'tasación', 'valoración', 'tarifación', 'cotización', 'ajuste de primas'

real property: 'propiedad inmobiliaria' o 'bienes raíces'

real property movables: 'bienes inmuebles'

recesión: 'caída o disminución de la actividad económica'

rentar: 'producir o rendir beneficio o utilidad anualmente una cosa'. (anglicismo usado con el significado de 'alquilar')

repunte: 'subida de las cotizaciones de la bolsa o de cualquier variable económica'

sales programme manager: 'jefe de programa de ventas'

senior: 'superior', 'experto' o 'con experiencia'

senior manager: 'alto directivo'

senior partner: 'socio mayoritario'
spot market: 'mercado al contado'
spot price: 'precio al contado'
spread: 'margen' (de venta, de beneficio, de precio, de interés, etc.)
stand-by agreement: 'acuerdo de apertura de líneas de crédito o acuerdo de disponibilidad de crédito'
stand-by credit: 'crédito disponible o de apoyo'
stock: 'mercancías almacenadas'
subholding: 'grupo financiero filial' o 'grupo filial'
tied loan: 'préstamo condicionado'
traders: 'operadores financieros'
trust: 'consorcio'
workshop: 'reunión de trabajo'

❊ ESPECIES DE ESPECIAS ❊

Una *especia* es una 'sustancia vegetal aromática que sirve de condimento', y una *especie* es una 'clase o conjunto de seres semejantes'. Evítese el error de denominar *especies* a los condimentos aromáticos. Además, la expresión *pago en especie* (o *en especies*) es la forma correcta para decir que algo se paga (o se cobra) 'en frutos o géneros y no en dinero'. No es apropiado, por tanto, hablar de pago *en especia* o *en especias*.

❊ LOCUCIONES Y PALABRAS LATINAS DE USO FRECUENTE ❊

En latín	Traducción	Notas
a contrario sensu	'en sentido contrario'	
a divinis	'de las cosas divinas'	
a fortiori	'con mayor razón', 'forzosamente'	

En latín	Traducción	Notas
a. m. (*ante meridiem*)	'antes del mediodía'	
a pari	'por igual'	en lenguaje jurídico, se usa en la expresión «argumento *a pari*», que es el basado en razones de semejanza y de igualdad entre el hecho propuesto y el que se concluye de él
a posteriori	'por lo que viene después', 'con posterioridad'	
a priori	literalmente, 'por lo que precede'	En general, 'con anterioridad a un hecho o a una circunstancia determinados'
a prorrata	'en proporción'	
a simili	'por semejanza'	
ab aeterno	'desde la eternidad' o 'desde muy antiguo, de mucho tiempo atrás'	
ab antiquo	'desde muy antiguo'	
ab initio	'desde el principio' o 'desde tiempo inmemorial, muy remoto'	
ab integro	'por entero'	
ab intestato	'sin testamento' o 'sin testar'	muy frecuente en lenguaje jurídico
ab intra	'desde dentro'	
ab irato	'de manera airada'	
ab origine	'desde el origen'	

En latín	Traducción	Notas
ab ovo usque ad mala	'desde el huevo hasta la manzana' ('desde el principio al fin').	
ab re	'contra toda razón'	
abiuratio	'perjurio'	
abrogatio	'abrogación'	
accesit	'en certámenes científicos, literarios o artísticos, recompensa inmediatamente inferior al premio'	en español lleva tilde: *accésit*
ad absurdum	'al absurdo'	también *ab absurdo* ('por lo absurdo')
ad acta	'a los asuntos'	
ad bona	'para los bienes'	
ad cautelam	'con cautela' o 'por precaución'	
ad exemplum	'por ejemplo'	
ad finem	'hasta el fin'	
ad hoc	'a propósito' o 'para esto'	
ad hominem	'para el hombre' o 'al hombre'	
ad honorem	'por el honor'	sin cobrar
ad infinitum	'hasta el infinito'	
ad inquerendum	'para investigar'	
ad interim	'interinamente', 'provisionalmente'	
ad iudicem	'ante el juez'	
ad iuriciem	'para el juicio'	
ad kalendas graecas	'para las calendas griegas', es decir, 'para un momento que no ha de llegar'	actualmente se debe escribir con la grafía *ad calendas graecas*
ad libitum	'a voluntad', 'libremente'	

En latín	Traducción	Notas
ad litteram	'al pie de la letra'	
ad nauseam	'hasta provocar náuseas', 'con repugnancia' o 'en exceso'	
ad nutum	'a voluntad'	
ad ostentationen	'para la ostentación'	
ad pedem litterae	'al pie de la letra'	
ad personam	'a título personal'	
ad quem	'al cual' o 'punto de llegada'	
ad referendum	'a condición de ser aprobado por el superior'	
ad rem	'respecto al asunto'	
ad solemnitatem	'para la solemnidad'	
ad usum	'según la costumbre' o 'según el uso'	
ad valorem	'según el valor'	
ad verecundiam	'al respecto'	
addenda	'las cosas que se han de añadir'	
aequo animo	'con ánimo sereno'	
aes confessum	'deuda confesada'	
aes uxorium	'el dinero conyugal'	
aestimarem item	'fijar la indemnización'	
agenda	'las cosas que se han de hacer'	
album	literalmente, 'encerado blanco'	no se usa ya más que la forma española: *álbum* (pl. *álbumes*)
alea iacta est	'la suerte está echada'	
aliaeni iuris	'de derecho ajeno'	
alias	'apodo, sobrenombre'	

En latín	Traducción	Notas
alma mater	literalmente 'madre nutricia'	los latinos llamaban así a la patria; hoy en día se dice de las universidades
alter ego	'el otro yo'	
animus iocandi	'con intención de bromear'	
ante factum	'antes del hecho'	
ante litem	'antes del juicio'	
ante omnia	'ante todo'	
ante rem	'antes del acontecimiento'	
apud	'tomado de' o 'en la obra de'	en español lleva tilde: *ápud*
apud acta	'mediante acta', 'sobre acta', 'en el mismo expediente'	
aquarium	'depósito grande de agua donde se conservan vivos animales o vegetales acuáticos', o bien 'edificio destinado a la exhibición de animales acuáticos vivos'	el *DRAE* recoge su escritura adaptada al español como *acuario*
bis	'dos veces'	
bona fide	'de buena fe'	
bona nullius	'bienes de nadie'	
bonorum possessio	'posesión de los bienes'	
calamo currente	'sin reflexión previa y de improviso' (normalmente en los escritos)	
carpe diem	'goza en este día' o 'aprovecha el día de hoy'	
casus belli	'causa o motivo de guerra'	
casus omissus	'caso omitido'	
causa debendi	'causa de la deuda'	

En latín	Traducción	Notas
causa petendi	'causa de pedir'	
cave canem	'cuidado con el perro'	
cesio bonorum	'cesión de bienes'	
ceteris paribus	'dadas las mismas circunstancias'	
cogito, ergo sum	'pienso, luego existo'	
concilium fraudis	'concierto fraudulento'	
condicio/conditio iuris	'condición de derecho'	
condicio/conditio sine qua non	'condición indispensable'	
confer	'voz que se utiliza en los escritos para indicar que se debe consultar algo', generalmente abreviada como *cf.* o *cfr.*	en español lleva tilde: *cónfer*
consensus gentium	'acuerdo del pueblo'	
consesium omnium	'acuerdo de todos'	
contra legem	'contra la ley'	
contra natura	'contra lo natural'	
coram populo	'en presencia del pueblo' o 'en público'	
corpore insepulto	'cuerpo no sepultado'	
corpus	'obra, colección' o 'conjunto lo más extenso y ordenado posible de datos o textos científicos, literarios, etc., que pueden servir de base a una investigación'	
corpus delicti	'cuerpo del delito'	muy utilizado en lenguaje forense

En latín	Traducción	Notas
culpa levis	'falta leve'	
cum laude	'con el más alto elogio' o 'con alabanza'	se dice del resultado de un examen cuando se ha hecho extraordinariamente bien
curriculum vitae	literalmente, 'carrera de vida'; relación de los títulos, honores, cargos, trabajos realizados, datos biográficos, etc., que califican a una persona	La *Ortografía* del 2010 opta por considerar que *currículum* (sin *vitae*) es una palabra adaptada (se escribe en redonda y con tilde), mientras que *curriculum vitae* es una locución latina (se escribe en cursiva y sin tilde)
damnosa hereditas	'herencia ruinosa'	
de actu	'de hecho'	
de audito	'de oídas'	
de die im diem	'de día en día', 'cotidianamente'	
de facto	'de hecho'	se opone a *de iure*
de iure	'de derecho', 'por virtud o por ministerio del derecho o de la ley'	
de levi	'de delito leve'	
de novo	'de nuevo'	
de plano	'llanamente' o 'sin dificultad'	se utiliza en lenguaje jurídico para indicar que algo se hace al momento, sin información, formalidades o debate preliminar

En latín	Traducción	Notas
de vehementi	'de delito grave'	
de verbo ad verbum	'palabra por palabra, a la letra, sin faltar una coma'	
de visu	'de vista'; 'visto con sus propios ojos'	
de vita et moribus	'sobre la vida y las costumbres'	
deficit	'falta o escasez de algo que se juzga necesario'	en español lleva tilde: *déficit* (pl. *déficits*); muy utilizado en el lenguaje económico
Dei gratia	'por la gracia de Dios'	
Deo iuvante	'con la ayuda de Dios'	
Deo volente	'si Dios quiere'	
dies a quo		día desde el que comienza a contar un plazo
dixi	'he dicho' (también *dixit* para 'ha dicho').	fórmula con la que se termina la exposición de pruebas o razonamientos de un discurso
doli capax	'capaz de dolo'	
do ut des	'yo te doy para que tú me des'	
duplex	'doble'	en español lleva tilde: *dúplex*
dura lex sed lex	'la ley es dura, pero es la ley'	
ecce homo	'he aquí el hombre'	el *DRAE* recoge el término uniendo las dos partes latinas
ecce signum	'he aquí la prueba'	
eo ipso	'por sí mismo'	
erga omnes	'frente a todos'	

En latín	Traducción	Notas
ergo	'por lo tanto', 'por consiguiente'	
errare humanum est	'equivocarse es humano'	
error invencibilis	'error invencible'	
et alia	'y otras cosas'	
et caetera	'y lo demás'; se usa para cerrar enumeraciones incompletas	en español se escribe *etcétera*; en la escritura va siempre precedida de una coma y se emplea frecuentemente en su forma abreviada *etc.*
et reliqua	'y lo restante'	
ex abrupto	'inesperadamente', 'de improviso' o 'bruscamente'	
ex aequo	'con igual mérito' o 'por igual' o 'del mismo rango'	suele utilizarse en concursos y competiciones deportivas para calificar a participantes que obtienen el mismo premio
ex aequo et bono	'de acuerdo con lo correcto y lo bueno'	
ex cathedra	'desde la cátedra', 'autoridad'; por extensión, 'expresarse en tono magistral o decisivo'	
ex nunc	'desde ahora'	
ex professo	'adrede'	el *DRAE* solo registra *ex profeso* (con una *s*)
ex tunc	'desde entonces'	
exempli gratia	'por ejemplo'	

En latín	Traducción	Notas
exequatur	'que se ejecute'	en español lleva tilde: *exequátur*
fiat lux	'hágase la luz'	
gratis et amore	'sin cobrar y por amor'	
gratis pro Deo	'gratuitamente por Dios'	
gravamen	'carga u obligación que pesa sobre alguien' o 'carga impuesta sobre un inmueble o un caudal (dinero)'	
grosso modo	literalmente, 'de una manera imperfecta'	en español, 'aproximadamente, más o menos'; es incorrecto *a grosso modo*
habeas corpus	'derecho de un ciudadano detenido o preso a comparecer inmediata y públicamente ante un juez o tribunal'	
habitat	'lugar de condiciones apropiadas para que viva un organismo, especie o comunidad animal o vegetal'	en español lleva tilde: *hábitat*
homo sapiens	'el hombre que empieza a pensar'	
honoris causa	'por razón' o 'por causa de honor'	título que suelen conceder las universidades a una persona eminente
ibidem	'de allí mismo', 'del mismo lugar'	en español lleva tilde: *ibídem*; se emplea en citas, índices, etc.

En latín	Traducción	Notas
idem *	'el mismo'	forma neutra del pronombre latino que se emplea en bibliografías para repetir la autoría de una referencia anterior. En español debe acentuarse: *ídem*
in albis	'en blanco'	
in dubio pro reo	'en caso de duda, a favor del reo'	es un principio judicial
in extremis	'en el último momento'	actualmente se utiliza mucho en el lenguaje futbolístico
in flagranti, in fraganti (forma vulgar)	'en el justo momento de cometer el delito'	
in pectore	'dentro del pecho'	se emplea para referirse a la persona que ya ha sido designada para un cargo, pero cuyo nombramiento no se ha hecho público todavía
in situ	'en el lugar', 'en el sitio'	
in vitro	literalmente, 'en vidrio'	se aplica a cualquier reacción fisiológica que tiene lugar fuera del organismo
inter nos	'entre nosotros'	
ipso facto	'en el mismo acto' o 'inmediatamente'	
lapsus	'error o equivocación'	

En latín	Traducción	Notas
lato sensu	'en sentido amplio'	
maxime	'principalmente' o 'sobre todo'	en español lleva tilde: *máxime*
mea culpa	'por mi culpa'	se usa con el sentido de confesar las propias faltas; entonar un *mea culpa*
memorandum	'aquello que debe ser recordado'; 'librito o cuaderno en que se apuntan las cosas de las que uno tiene que acordarse'	en español lleva tilde: *memorándum*
modus operandi	'modo de hacer una cosa'; 'forma de actuar'	se utiliza frecuentemente para referirse a la forma de actuar de un criminal
motu proprio	'de propio movimiento'	no es *motu propio* ni *de motu propio*
mutatis mutandis	'cambiadas las cosas cambiables'	no es *mutatis mutandi* ni *mutatis mutantis*
non plus ultra	'no más allá' o 'excelente'	
pacta sunt servanda	'lo pactado obliga' ('los acuerdos deben ser cumplidos')	
peccata minuta	'pecados pequeños'	no es *pecata minuta*
per se	'por sí'	en el lenguaje filosófico se opone a *per accidens*
primus inter pares	'el primero entre los semejantes'	no es *primus ínter paris*
quo vadis?	'¿adónde vas?'	
rara avis in terris	'ave rara en la tierra'	

En latín	Traducción	Notas
requiem	'reposo, descanso'; 'oración que se reza por los difuntos'	en español lleva tilde: *réquiem*
R. I. P. (*Requiescat in pace*)	'descanse en paz'	se suele usar la forma abreviada
rictus	'mueca de la boca'	
sic	'así', 'de esta manera'	se usa en impresos y manuscritos para indicar que una palabra o frase empleada en ellos, que puede parecer inexacta, es textual
sine qua non	literalmente, 'sin la cual no'	se utiliza en la expresión *conditio sine qua non* ('condición indispensable'
statu quo	'en el estado en que...'	no es *status quo*
status	'estado' o 'posición social que una persona ocupa dentro de un grupo o en la sociedad'	
stricto sensu	'en sentido restringido'	
sui generis	'a su modo', 'a su manera' o 'especial', 'de su género'	se usa para denotar que aquello a lo que se aplica es de un género o especie muy singular
summum	'lo más elevado', 'el colmo', 'lo sumo'	
ultimatum	'resolución terminante y definitiva, comunicada por escrito'	en español lleva tilde: *ultimátum*; suele utilizarse en el lenguaje diplomático
urbi et orbi	'a la ciudad y al mundo'	no es *urbi et orbe*

En latín	Traducción	Notas
vade retro	'vete atrás', 'retrocede'	
vale	'consérvate bien'	se usa como fórmula de despedida
veni, vidi, vici	'llegué, vi y vencí'	no es *veni, vidi, vinci*, que significa 'llegué, vi y fui vencido'
versus	'frente a', 'contra'	
viceversa	'al revés', 'recíprocamente', 'invirtiendo los términos'	
volaverunt	'volaron'	en español lleva tilde: *volavérunt*
vox populi	'la voz del pueblo' o 'rumor popular'	

✳ LA *O* NO ES LO QUE ERA ✳

Hasta hace poco, la conjunción *o*, cuando aparecía entre cifras, se escribía siempre con tilde para no confundirla con el 0, pero esa posibilidad de error es hoy casi imposible. Por tanto, se escribirá *50 o 60*. También hay que tener en cuenta que la conjunción *o*, igual que cuando se trata de una palabra, se convierte en *u* cuando la pronunciación de la cifra que sigue a dicha conjunción empieza por o: *60 u 80; 7 u 8*.

✳ *POR QUÉ/PORQUÉ/PORQUE/POR QUE* ✳

Por qué es la combinación entre la preposición *por* y el interrogativo o exclamativo *qué*: «¿Por qué me has llamado?», «Pregúntale por qué quiere ser universitario».

Por que es la combinación entre *por* y el pronombre relativo *que*. Se reconoce fácilmente porque siempre se puede intercalar un artículo entre la preposición *por* y *que*: «Esas fueron las razones por (las) que dimitió». También puede tratarse de la preposición *por* exigida por el verbo, sustantivo o adjetivo y la conjunción subordinante *que*: «Me preocupo por que no te pase nada» (preocuparse *por* algo).

La forma *porqué* es siempre sustantivo, por lo que puede pluralizarse e ir precedida por artículos, pronombres demostrativos y posesivos, etc. Significa 'causa, motivo, razón': «Explícame el porqué de tu visita» (la causa), «Desconozco tus porqués» (tus razones), «Ese porqué no me convence» (ese motivo).

Porque es una conjunción subordinante causal como *ya que, puesto que, dado que, como...*: «Iré a verte, porque tú quieres». También puede tener el valor de conjuntiva final con un verbo en subjuntivo. En este caso, equivale a *para que*: «Hizo lo que pudo porque (o para que) su trabajo fuera excelente». En este caso, también se podría decir: «Hizo lo que pudo por que su trabajo fuera excelente».

✳ *NEOHAMPSHIREÑO, GAULANITA* Y OTROS CURIOSOS GENTILICIOS ✳

abulense (Ávila)
alasqueño (Alaska)
angelino, angelopolitano, angeleño (Los Ángeles, California)
arkansino (Arkansas)
bahameño, bahamense, bahamés o lucayo (Bahamas o Lucayas)
batoniano (Baton Rouge)
bermudeño (Bermudas)
bilbilitano (Calatayud)
bismarqués (Bismarck)
boricua (Puerto Rico)
cachemirí (Cachemira)

donostiarra (San Sebastián)
ecuatoguineano (Guinea Ecuatorial)
espringfildense (Springfield)
esrilanqués, ceilanés, ceilandés (Sri Lanka, antiguo Ceilán)
fluminense (Río de Janeiro, estado)
gaulanita (Golán, Siria)
guadalajarense, tapatío (Guadalajara, México)
guadalajareño, arriacense (Guadalajara, España)
hierosolimitano (Jerusalén)
ilerdense (Lérida)
malgache (Madagascar)
mexiquense (estado de México)
neohampshireño (Nuevo Hampshire)
neojerseíta (Nueva Jersey)
onubense (Huelva)
pacense (Badajoz)
pucelano (Valladolid)
reunionés (Reunión)
saltlaquense (Salt Lake City)
surcarolino (Carolina del Sur)
utaheño (Utah)
wisconsinita (Wisconsin)

✳ NI ESTUDIA NI TRABAJA... ¿VOLUNTARIAMENTE? ✳

El neologismo *nini* procede de la expresión «ni estudia ni trabaja» y, a partir de ella, se utilizaba para aludir a jóvenes que, por decisión propia, ni estudiaban ni trabajaban. Sin embargo, actualmente también se emplea para referirse a los que ya han finalizado sus estudios y no encuentran trabajo por falta de oportunidades laborales. Se escribe en una sola palabra, sin espacio ni guion, y no es necesario resaltarlo con comillas ni cursiva.

El *DRAE* incorpora el término *actora*, como femenino de *actor*, con el significado de 'participante en una acción o suceso'. Eso sí, cuando se trata de la persona que interpreta un papel en el teatro, el cine, la radio o la televisión, el femenino de *actor* es siempre *actriz*.

❋ PALABRAS QUE MATAN ❋

Tras la muerte de una persona, *se instala*, *se abre* o *se dispone* una capilla ardiente, pero ni *se celebra* ni *tiene lugar*. La expresión *capilla ardiente* se refiere a una 'cámara donde se vela un cadáver o se le tributan honras', de modo que se trata de un lugar, no de un acto. Así, resultan impropias frases como «Mañana se celebrará la capilla ardiente de las víctimas del siniestro» o «La capilla ardiente del consejero tendrá lugar en el tanatorio de su ciudad natal»; lo adecuado sería decir «Mañana se abrirá la capilla ardiente de las víctimas del siniestro» o «La capilla ardiente del consejero se instalará en el tanatorio de su ciudad natal».

En esa capilla ardiente quizá haya un *féretro,* que es 'la urna o caja cerrada, generalmente de madera, en la que se transporta el cadáver de una persona'; se refiere, por tanto, a un objeto movible (del latín *ferre*, 'llevar'). En cambio, no podrá estar allí el *sarcófago*, porque es 'la construcción, generalmente de piedra y con ubicación fija, que contiene uno o varios cadáveres introducidos, o no, en sendos féretros'.

Después de la capilla ardiente, llegará el funeral (o la misa) *corpore insepulto*, pero sin la preposición *de*. La locución latina *corpore insepulto* significa en español 'con el cuerpo sin sepultar' o 'de cuerpo presente'; esta última forma induce a un uso inapropiado, precedido de la preposición *de*: *misa de corpore insepulto*. También debe tenerse en cuenta que el adjetivo *insepulto* se escribe en una palabra; por tanto, es incorrecto escribir *misa* (o funeral) *corpore in sepulto*.

Y, precisamente, la palabra *cuerpo* no debe desplazar innecesariamente a *cadáver*. Aunque no se trata de un uso incorrecto, en las noticias en que se producen muertes conviene tener en cuenta que el término *cadáver* posee un significado mucho más preciso que *cuerpo*. En español, *cadáver* designa a un 'cuerpo muerto', mientras que la definición de *cuerpo* incluye —entre varias otras acepciones— la de *cadáver*. Así, en el titular «Forenses y fiscales salvadoreños reconocieron el cuerpo mutilado de una mujer...» sería más preciso decir «... reconocieron el cadáver mutilado de una mujer...».

El cadáver puede ser sometido a la autopsia, pero es redundante hablar de la *autopsia de un cadáver*. *Autopsia* es el 'examen anatómico de un cadáver'; por lo tanto, este término ya lleva implícito en su significado que solamente puede tratarse de un cadáver. Por ejemplo, en «Los forenses practicarán la autopsia al cadáver de la joven» bastaría con decir «Los forenses practicarán la autopsia a la joven».

Finalmente, también hay que diferenciar entre *obituario*, *necrológicas*, *necrologías* y *esquelas*. No siempre se usan con propiedad esas cuatro palabras, pues sus respectivos significados no están claros para todos los hispanohablantes; se trata de términos que aparecen como título de la sección que hay en muchos periódicos y en la que se informa sobre el fallecimiento de personajes conocidos. El nombre más adecuado para esa sección es *obituario*, que significa 'sección necrológica de un periódico'. También es correcto llamarla *necrologías*, ya que esa palabra equivale a 'noticias comentadas acerca de una persona muerta hace poco tiempo'. Pero *necrológicas* se trata de un adjetivo con el que se califica a lo relacionado con la *necrología*; así pues, lo adecuado es no usarlo solo, sino acompañando a otra palabra: *notas necrológicas*. Por último, las *esquelas* son los avisos de la muerte de una persona que se publican en los periódicos con recuadro de luto y en los que se suele indicar la fecha y el lugar del entierro, el funeral, etc.

❋ *OBISPA* EXISTE… PERO HAY POCAS ❋

Es apropiado emplear la forma *obispa* como femenino de *obispo* (aunque esta palabra carezca de tradición en el mundo católico), ya que es una forma gramaticalmente correcta y válida.

❋ *PEDIGÜEÑERÍA*: POR PEDIR QUE NO QUEDE ❋

En la palabra *pedigüeñería* se incluyen todas las tildes del español: la diéresis, la tilde del acento, la virgulilla de la *ñ* y el punto de la *i*, y significa 'cualidad de pedigüeño'.

❋ CIUDADES, PROVINCIAS Y ESTADOS ❋

Hay gentilicios que parecen lo que no son, y así, para referirnos a los naturales de la ciudad de Buenos Aires, lo apropiado no es *bonaerense*, sino *porteño*. En Argentina hay dos topónimos homónimos: la ciudad de Buenos Aires (gentilicio: *porteño*), capital del país y ciudad autónoma, y la provincia de Buenos Aires (gentilicio: *bonaerense*), cuya capital se llama La Plata (gentilicio: *platense*) y está a 60 kilómetros de la ciudad de Buenos Aires. Así pues, los *porteños* no son *bonaerenses*, pues esta ciudad no está en esa provincia, y los *bonaerenses* no son *porteños*, porque no son de la ciudad autónoma.

En lo relativo a su país vecino, Brasil, también está muy extendido el uso incorrecto de *carioca* como equivalente de *brasileño*. Con el gentilicio *carioca* se alude específicamente a los habitantes de la ciudad brasileña de Río de Janeiro, de modo que no todos los brasileños son cariocas. Por otra parte, a los habitantes del estado de Río de Janeiro se les llama *fluminenses*.

Finalmente, la tradición de poner a las colonias nombres preexistentes en la madre patria ha llevado a la formación de gentilicios distintos referidos a ciudades con el mismo nombre pero en diferentes países. El ejemplo más claro es el de *cartagenero/cartaginés/cartaginense*. *Cartagenero* es el nombre de los naturales de Cartagena (España) y Cartagena (Colombia). La excepción se da en la comuna chilena de Cartagena, a cuyos habitantes se les llama *cartageninos. Cartaginés* es el gentilicio que se refiere a la antigua ciudad de Cartago (África) y a los habitantes de la actual Cartago, la antigua capital de Costa Rica. Aunque la forma *cartaginés* es la de uso mayoritario y preferente, también es válida la denominación *cartaginense*.

✳ LAS OLIMPIADAS ORIGINALES ERAN LO CONTRARIO QUE LOS JJ. OO. ✳

Aunque *juegos olímpicos* u *olimpiadas* pueden emplearse como sinónimos, el significado originario del término *olimpiada* u *olimpíada* es 'período de cuatro años comprendido entre dos celebraciones consecutivas de los juegos olímpicos', es decir, todos los días en los que estos no se estaban celebrando.

En el *Diccionario de la lengua española* (y en los demás diccionarios del español actual) se da como acepción principal la de 'competición deportiva universal que se celebra cada cuatro años en un lugar previamente determinado', y se explica que la palabra se usa en plural con el mismo significado que en singular.

Respecto a la acentuación, en los países hispanoamericanos se emplean igualmente la llana *olimpiada* y la esdrújula *olimpíada*, mientras que en España predomina la forma llana *olimpiada*.

✳ LA PEDOFILIA NO ES DELITO. LA PEDERASTIA, SÍ ✳

Estos términos no deben confundirse, ya que *pederastia* se refiere al 'abuso sexual que se comete contra los niños' y lo comete el *pederas-*

ta. La *pedofilia*, en cambio, es la 'atracción sexual que experimenta un adulto hacia niños', y el que siente esta atracción es el *pedófilo*. Por lo tanto, en «Lo han detenido por pedofilia» lo correcto es «Lo han detenido por pederastia».

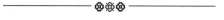

* EL USO DE LAS MAYÚSCULAS *

La letra inicial de una palabra se escribe en su forma mayúscula para dar relieve a esa palabra, aludiendo al especial carácter de lo significado por ella o indicando que encabeza el discurso de la oración. Se escriben con inicial mayúscula:

- La primera palabra del escrito y la que va después de punto.

- Los sustantivos y adjetivos que componen el nombre de entidades, organismos, departamentos o divisiones administrativas, edificios, monumentos, establecimientos públicos, partidos políticos, etc.: *el Ministerio de Hacienda*, *la Casa Rosada*, *la Biblioteca Nacional*, *el Museo de Bellas Artes*, *la Real Academia de la Historia*, *el Instituto Caro y Cuervo*, *la Universidad Nacional Autónoma de México*, *la Facultad de Medicina*, *el Departamento de Recursos Humanos*, *el Área de Gestión Administrativa*, *la Torre de Pisa*, *el Teatro Real*, *el Café de los Artistas*, *el Partido Demócrata*. También se escribe con mayúscula el término que en el uso corriente nombra de forma abreviada una determinada institución o edificio: *la Nacional* (por *la Biblioteca Nacional*), *el Cervantes* (por *el Instituto Cervantes*), *la Complutense* (por *la Universidad Complutense*), *el Real* (por *el Teatro Real*).

- La primera palabra del título de cualquier obra de creación (libros, películas, cuadros, esculturas, piezas musicales, programas de radio o televisión, etc.); el resto de las palabras que lo componen, salvo que se trate de nombres propios, deben escribirse con minúscula: *Últimas tardes con Teresa*, *La vida es sueño*, *La lección de anatomía, El galo moribundo, Las cuatro estaciones, Las mañanas de la radio, Informe semanal.* En el caso de los títulos abreviados con que se conocen comúnmente determinados textos literarios, el artículo que los acompaña debe escribirse con minúscula: *el Quijote, el Lazarillo, la Celestina.*

- Los sustantivos y adjetivos que forman el nombre de disciplinas científicas, cuando nos referimos a ellas como materias de estudio, y especialmente en contextos académicos (nombres de asignaturas, cátedras, facultades, etc.) o curriculares: «Soy licenciado en Biología», «Me he matriculado en Arquitectura», «El profesor de Cálculo Numérico es extraordinario». Fuera de los contextos antes señalados, se utiliza la minúscula: «La medicina ha experimentado grandes avances en los últimos años», «La psicología de los niños es muy complicada». Los nombres de asignaturas que no constituyen la denominación de una disciplina científica reciben el mismo tratamiento que si se tratase del título de un libro o de una conferencia, esto es, solo la primera palabra se escribe con mayúscula: *Introducción al teatro breve del siglo XVII español, Historia de los sistemas filosóficos.* También se escriben con mayúscula los sustantivos y adjetivos que dan nombre a cursos, congresos, seminarios, etc.: *1.º Curso de Crítica Textual, XV Congreso Mundial de Neonatología, Seminario de Industrias de la Lengua.*

Denominaciones de los cargos
Se escriben con minúscula inicial vayan o no vayan acompañados del nombre de la persona que los ocupa: *El rey Juan Carlos, el papa Benedicto XVI, el embajador, el director general, el ministro, el juez.*

Tratamientos
Se escriben con minúscula inicial, aunque sus abreviaturas sí mantienen la mayúscula: *don, excelencia, fray, vuestra merced, sor...*

Artículos en topónimos
Se escriben con inicial mayúscula cuando forman parte del nombre propio (*El Cairo, La Haya, El Salvador*), pero en minúscula cuando

afectan a comarcas (*el Algarve, las Hurdes, el Bierzo*). En el primer caso el artículo no se contrae y en el segundo, sí. El topónimo *la Mancha* se recomienda escribirlo en minúscula si se refiere a la región y en mayúscula si es la comunidad autónoma: *Castilla-La Mancha*.

Penínsulas
Cuando el nombre específico de una península es un adjetivo que alude al topónimo, como caso particular, se escribe con minúscula: (*península ibérica, península arábiga, península valiente*).

Premios
Se escriben con mayúscula todas las palabras significativas. La categoría se escribe con mayúscula en los grandes premios internacionales (*Premio Nobel de Literatura*) y en minúscula en el resto (*Óscar a la mejor dirección*). Cuando se alude al objeto que representa el premio o a la persona premiada, se escribe con minúsculas (*el director posó con su óscar, entrevistan al premio nobel de literatura*).

Puntos cardinales
Se escriben con minúscula, salvo cuando son parte de un nombre propio (*rumbo al norte, hemisferio sur, sureste del país*, pero *América del Norte, Corea del Sur* o *Europa del Este*), al igual que las líneas imaginarias (*ecuador, trópico, meridiano*).

* TEX-MEX *

Se suele cometer el error de pronunciar la letra *x* como *ks* en palabras en las que no es ese su sonido, sino *j*. Dos de estos casos son *México* y *Texas*.

En ambos topónimos se trata de la grafía antigua del sonido que actualmente se representa en español con la letra *j*; por lo tanto, el nombre del país no debe pronunciarse *méksico*, sino *méjico*, y el nombre de ese estado no suena *teksas*, sino *tejas*.

Por ello se recomienda prestar especial atención a la pronunciación de esos topónimos y también a la de otras ciudades mexicanas, como *Oaxaca* (se pronuncia *oajaca*), *Xalapa* (se pronuncia *jalapa*), etc.

Ocurre lo mismo con el apellido *Ximénez*, por ejemplo, que en algunos casos conserva la grafía antigua, pero no por ello se pronuncia de forma distinta que *Jiménez*.

✳ DEMASIADO GLAMUR EN EL CINE Y LA TELEVISIÓN ✳

Los medios de comunicación hacen en ocasiones un uso innecesario y abusivo de palabras y expresiones extranjeras en las informaciones relacionadas con el mundo del cine: estrenos, festivales, entregas de premios, etc. Algunos de ellos pueden ser fácilmente sustituidos por palabras españolas.

backstage: *entre bastidores* o *entre bambalinas*.
biopic: proviene de la expresión *biographic picture*; es preferible emplear *biografía* o *película biográfica*.
celebrity: en español existen las palabras *famoso* y *celebridad*.
glamour: *glamur*.
indie: mejor *cine independiente*.
performance: *espectáculo*, *representación* o *actuación*.
prime time: este término puede ser sustituido por las expresiones españolas *horario estelar* o *de máxima audiencia*.
ranking: aunque se admite el uso de la forma *ranquin*, es más recomendable emplear *lista*, *tabla clasificatoria*, *clasificación* o *escalafón*.
reality show: es preferible *programa de telerrealidad* o, simplemente, *telerrealidad*.
remake: *nueva versión* o *adaptación*, según el caso.
script: en el mundo del espectáculo, *guion*, *libreto*, *argumento*. También se emplea este término para referirse al *responsable de continuidad* en la grabación.
show: mejor *espectáculo*, *función*, *gala*, *número* o *exhibición*.
sitcom: se trata de un acrónimo, formado a partir de la expresión inglesa *situation comedy*: «Rosa María Sardà y Verónica Forqué pro-

tagonizan la nueva sitcom de TV3». Se aconseja sustituirlo por *comedia, comedia de situación* o *telecomedia*.

soundtrack: *banda sonora*.

spin-off: término inglés que se emplea para referirse a una serie de televisión que ha sido 'creada a partir de otra ya existente, tomando de esta algún personaje, rasgo o situación'. Su forma española es *serie derivada*.

target o **target group**: *público, público objetivo, grupo objetivo* o *grupo de destinatarios*.

thriller: *película de suspense* o, en América, *de suspenso*.

trailer o **tráiler**: por ser una palabra llana terminada en consonante distinta de *n* o *s*, su plural es *tráileres*. También es adecuado emplear *avance*.

TV movie: 'película de breve duración producida para ser transmitida por televisión' o 'serie corta que se suele emitir durante varios días'. Se recomienda decir *película para televisión, telefilme* o *miniserie*, en función de cada caso.

western: las Academias aceptan la grafía adaptada *western* (plural, *westerns*) tanto para el género cinematográfico como para la película de dicho género, aunque con este último significado recomiendan la expresión *película del Oeste*.

✳ EL TAMAÑO NO IMPORTA… LA TALLA, SÍ ✳

La palabra *talla* solo debe utilizarse referida a personas. El término adecuado para hacer referencia a las dimensiones de un animal es *tamaño*. Así pues, es incorrecto decir: «El pescado de talla inferior».

✳ LA COMA ✳

La coma es un signo de puntuación que se usa para separar partes dentro de un enunciado.

Usos correctos de la coma:

Incisos

Una de sus funciones principales es marcar incisos, en cuyo caso se emplean siempre dos comas (una para abrir el inciso y otra para cerrarlo), a menos que coincidan con el comienzo de una oración, punto, punto y coma, puntos suspensivos, etc. En la mayoría de los casos puede alternar su uso con las rayas y los paréntesis.

Frases explicativas

> Don Miguel de Cervantes, el escritor del *Quijote*, es considerado por muchos el creador de la novela moderna.

Adjetivos explicativos pospuestos al sustantivo u oraciones adjetivas

> Las víctimas, furiosas, protestaron contra el Gobierno.
> Las víctimas, que estaban furiosas, protestaron contra el Gobierno.

Hay que señalar que no se escriben comas cuando el adjetivo o la subordinada cumplen una función especificativa:

> Las víctimas furiosas protestaron contra el Gobierno.
> Las víctimas que estaban furiosas protestaron contra el Gobierno.

En el primer caso, todas las víctimas están furiosas; en el segundo, puede haber algunas que no lo estén, pero no se habla de ellas, sino solo de las que sí lo están.

Complementos del nombre explicativos

> El alumno, de origen catalán, mostró una interesante visión sobre el nacionalismo.

En este caso, ya se sabe de qué alumno se está hablando y se explica que es de origen catalán. En cambio, en

> El alumno de origen catalán mostró una interesante visión sobre el nacionalismo.

Se puede estar hablando de varios alumnos, por lo que se precisa que, entre todos ellos, nos referimos específicamente al de origen catalán.

Comentario, explicación o precisión a algo dicho

> Todos los trabajadores, excepto los del sindicato, fueron readmitidos.

Enumeraciones

Se escribe coma entre los términos, simples o compuestos, de una enumeración, excepto los unidos por conjunción. Se considera anglicismo ortográfico colocar, en estos casos, una coma seguida de una conjunción.

> ✓ Todos vinieron a la fiesta: Pedro, Juan, María, César y Cristina.
> ✗ Todos vinieron a la fiesta: Pedro, Juan, María, César, y Cristina.

Existen dos excepciones a esta regla:

> Los telares eran de color verde, celeste, blanco, y negro.

En este caso, la coma indica que hay telas blancas y telas negras, y no una tela que combina el blanco y el negro.

También cuando los elementos de la enumeración van separados por punto y coma.

Cuando la enumeración es incompleta y se exponen solo algunos elementos representativos, se escribe coma antes del último término y no conjunción. En este caso la enumeración puede cerrarse con *etcétera* (o su abreviatura *etc.*), con puntos suspensivos o, en usos expresivos, simplemente con punto:

> Metí en la maleta todo lo necesario: neceser, ropa, libros para el viaje, etc.
> Me felicitaron todos mis amigos: Alberto, Gema, Alejandro, María…

Si la conjunción precede a un miembro de la enumeración que se aparta de la secuencia de los otros, sí se escribe coma:

> El ruido era estridente, ensordecedor, y causaba la locura de todo el que lo oía.

En una enumeración compuesta de elementos complejos separados unos de otros por punto y coma, delante de la conjunción que introduce el último de ellos se escribe una coma (o también un punto y coma):

> En el armario colocó los pantalones; en el cajón, los calcetines; en los estantes, los zapatos, y los complementos no los colocó.

Vocativos

Es necesaria para separar los vocativos del resto de la oración:

> Sebastián, te he dicho que vengas.
> Ya tiene usted un aviso, Martínez.

Cuando los enunciados son muy breves, también se escribe coma, aunque esta no indique pausa en la lectura:

> Sí, señor.
> Hola, Jesús.

Interjecciones o locuciones interjectivas

Deben separarse entre comas las interjecciones o locuciones interjectivas:

> Bah, no lo tengas en cuenta.

Omisión del verbo

Se escribe coma cuando el verbo se omite por haber sido mencionado con anterioridad o cuando el verbo puede ser obviado:

> Belén, Pedro y Juan van a ir a la cena; Cristina y María, no.
> Los que están aprobados, por ahí.

Con marcadores del discurso

Como los marcadores del discurso tienen libertad de posición en la oración, es decir, pueden ir al principio, al final o en medio, hay que tener en cuenta el sentido para una correcta puntuación en oraciones yuxtapuestas.

> Lo arregló un aficionado hace un año. Lo hizo bien, sin embargo; todavía me funciona.
> Lo arregló un aficionado hace un año. Lo hizo bien; sin embargo, ya no me funciona.

por ello/por lo cual/por lo que

Los giros como *por ello, con ello, en ello, por eso, por esto*, etc., cuando se emplean como marcadores, implican una pausa que no tienen los correspondientes *por lo cual, por lo que*, etc. De ahí que ante ellos se emplee punto y coma en lugar de coma, mientras que con *por lo cual*, etc., se emplee coma:

> Hoy lloverá, por lo que mejor no salimos de excursión.
> Hoy lloverá; por ello, mejor no salimos de excursión.
> Lee el prólogo; con ello, lo entenderás.
> Lee el prólogo, con lo que lo entenderás.

De hecho, con *por ello, con ello*, etc., es posible la coordinación:

> Lee el prólogo y con ello lo entenderás.

pero/así que/aunque
No se escribe coma detrás de pero:

> No es mi libro preferido, pero me gusta.
> Ya es tarde; pero me quedo un poco más.

Sí la puede llevar si va seguido de un inciso:

> Ya es tarde; pero, ya que me lo pides, me quedo un poco más.

Cuando *pero* precede a una construcción interrogativa o exclamativa no se pone coma; se pueden utilizar puntos suspensivos:

> Pero ¿qué me dices?
> Pero… ¡no puede ser!

Tampoco se coloca coma detrás de *aunque* ni de *así que*:

> Tu trabajo no está completo, así que es mejor que lo repitas.Aunque había estudiado, no aprobé el examen.

Si la conjunción *y* posee valor adversativo (equivalente a *pero*), puede ir precedida de coma:

> Le dije que se fuera, y no hizo caso.

excepto/salvo/menos
Es conveniente escribir coma delante de estos marcadores:

> El descuento será aplicable en cualquier tarifa, excepto en las de grupos.

> Estoy disponible todos los días, salvo el último jueves del mes.
> Puedes hacer con ello lo que quieras, menos regalarlo.

Cláusulas absolutas

Este tipo de construcciones circunstanciales que contienen una forma no personal del verbo se separan del resto de la oración con comas:

> Muerto el perro, se acabó la rabia.

Alteraciones del orden lógico de los enunciados

Cuando se anteponen al verbo los elementos o complementos que suelen ir pospuestos, se escribe coma después de la parte de la oración que ha alterado su orden.

Oraciones simples

Si se anteponen los complementos circunstanciales, excepto que sean muy cortos:

> Durante aquellos intensos primeros años de casados, el tiempo pasaba lentamente.

Cuando otros complementos verbales (directos, indirectos, complementos de régimen, etc.) se anteponen, no se debe escribir coma cuando existe intención enfática:

> Muy listo me pareces tú.
> Mucho cuento tenéis vosotros.

Cuando no hay intencionalidad de resaltar la parte que se coloca delante del verbo, la coma es opcional:

> Sobre política, mejor no hablemos.

En este último caso, la presencia de la coma es más conveniente cuanto más largo es el fragmento anticipado:

> Sobre política mejor no hablemos.

Oraciones compuestas
Cuando la condición precede a la oración principal:

> Si no sabes qué hacer, no vengas con nosotros.

Como sucedía en el caso de las oraciones simples, si la condición es muy breve, el uso de la coma es opcional:

> Si me lo dices antes ni te llamo.

Apodos, alias y seudónimos
Se coloca coma entre el nombre verdadero y el apodo o seudónimo:

> Manuel Benítez, *el Cordobés*.

Cuando no pueden utilizarse solos, sino que deben ir acompañados del nombre, se unen a este sin coma:

> Alfonso II el Casto
> Guzmán el Bueno.

Ambigüedades
También llamada *coma de sentido*, su uso no diferencia oraciones gramaticales de las que no lo son, sino que se encarga de deshacer ambigüedades:

> He ido, como me dijeron [me dijeron que fuera, y fui].
> He ido como me dijeron [me dijeron que fuera de cierto modo, y fui de ese modo].

Usos incorrectos
Las oraciones yuxtapuestas se unen con punto, dos puntos o punto y coma, pero no con coma.

Entre el sujeto y el verbo no debe utilizarse coma:

> Los niños, los mayores y los que no eran ni niños ni mayores disfrutaron de la fiesta.

Cuando el sujeto está compuesto por varios elementos separados por comas. Cuando el sujeto es largo se suele marcar una pausa oralmente, pero en ningún caso se representará gráficamente, aunque hay dos excepciones a esta regla: cuando el sujeto es una enumeración que se cierra con *etcétera* (o su abreviatura *etc.*) y cuando inmediatamente después del sujeto se abre un inciso o aparece cualquiera de los elementos que se aíslan con comas del resto del enunciado. En esos casos aparece, necesariamente, una coma delante del verbo de la oración:

> El novio, los parientes, los invitados, etc., esperaban ya la llegada de la novia.
> Mi hermano, como tú sabes, es un magnífico deportista.

Delante de que

En las construcciones del tipo *tanto... que, tan... que* y *tal... que*, no debe ponerse la coma antes del *que*:

> El problema había adquirido tal importancia que era extremadamente difícil solucionarlo.

Cartas

Es anglicismo ortográfico el empleo de la coma tras el saludo en las cartas y documentos. Deben escribirse dos puntos.

✳ *SENDOS* PELIGROSOS ✳

La palabra *sendos* no es equivalente a *ambos* ni se usa en singular.

El adjetivo *sendos* significa 'uno para cada una de las personas o cosas mencionadas', por lo que no es equiparable a *ambos*. Así, en el titular «El torero fue operado de sendas cornadas en el muslo derecho» debió decirse *de ambas cornadas* o *de dos cornadas*. Además, no se usa exclusivamente cuando son dos las personas o las cosas. Así, puede decirse: «Las tres principales editoriales publicaron sendas ediciones del *Quijote*»; es decir, que cada editorial publicó una edición.

Aunque en algunos países de Hispanoamérica y en España está extendido el empleo de *sendo*, en singular, con el significado de 'enorme', 'descomunal', el *Diccionario panhispánico de dudas* señala que este uso no es propio de la lengua culta.

Tampoco es adecuado el empleo de *sendos* con el significado de 'frecuentes' o 'constantes', por ejemplo en frases como «El sindicato ha presentado sendas quejas a la dirección», donde lo apropiado hubiera sido «… frecuentes (o constantes) quejas…».

✷ ARCAÍSMOS ✷

Se llama *arcaísmo* a toda palabra o expresión que, si bien llegó a ser muy utilizada en el pasado, hoy en día no se usa habitualmente o ha sido reemplazada por un término nuevo o una variante. En la actualidad perviven algunos arcaísmos en ciertas zonas (sobre todo rurales) de España y en Hispanoamérica.

No obstante, algunas de las voces que habían caído en desuso están comenzando a resurgir, y muy frecuentemente se las confunde con neologismos.

En algunos escritos literarios se utilizan arcaísmos con bastante asiduidad para dar mayor belleza a la expresión o para recrear una época concreta.

A continuación se incluye una tabla con arcaísmos y sus correspondencias:

Arcaísmo	Equivalente actual
aberruntar	predecir
aborrir	aborrecer
agora	ahora
albuznaque	bruto, bestia
aluzar	alumbrar
aquesto	esto
baltra	vientre, panza
barragán	mozo soltero/compañero
bilba	gorra, boina
colorado	libre, obsceno
comparancia	comparación
enflacar	adelgazar
esfolar	desollar
farina	harina
fato	hato, ropa para un uso determinado
fermosura	hermosura
fidalgo	hidalgo
fijo	hijo
habarro	pepita
harbar	hacer algo atropelladamente/cavar la tierra buscando algo
hortal	huerto
maguer	a pesar
ombrigo	ombligo
remesino	costumbre, vicio

Arcaísmo	Equivalente actual
talega	provisión de víveres
tasco	nevada grande
truje	traje (del verbo *traer*)
yantar	comer

❋ *REBECA* Y *PAPARAZI*: PALABRAS DE CINE ❋

Pararazi es la adaptación gráfica de la voz italiana *paparazzi*. Designa a cierto tipo de reporteros gráficos que se dedican a fotografiar o grabar a personas, generalmente famosas, sin su consentimiento. El nombre se debe al personaje *Paparazzo* de la película *La dolce vita* de Fellini, interpretado por Walter Saltesso.

El nombre de *Paparazzo* le fue sugerido a Fellini por Ennio Flaiano, coguionista de la película, y en el dialecto de los Abruzos significa 'almeja'. El guionista llamó así a ciertos reporteros por la rapidez y sigilo con que estos moluscos abren y cierran la concha.

El personaje, además, está inspirado en el entonces famosísimo fotógrafo de prensa Tazio Secchiaroli, uno de los fundadores de la Agencia Roma's Press Photo, especializada en imágenes robadas a los famosos. Ava Gardner y el rey Faruk fueron algunas de sus víctimas, y la agencia fue creada en 1955, cinco años antes del estreno de *La dolce vita*.

La *rebeca* es una chaqueta femenina de punto, sin cuello, abrochada por delante, cuyo primer botón está, por lo general, a la altura de la garganta, y el *DRAE* indica que viene del nombre propio *Rebeca*, título de un filme de Alfred Hitchcock de 1940, basado en una novela de Daphne du Maurier, cuya actriz principal usaba prendas de este tipo.

Lo curioso es que la actriz que lucía esta prenda, Joan Fontaine, no interpretaba a Rebeca (personaje fantasma que no aparecía en toda la película más que en un cuadro), sino a la segunda esposa del protagonista, Maxim de Winter, de la que ni en el libro ni en el filme se llegaba a concretar el nombre de pila.

✳ HOMOSEXUALES Y LESBIANAS ✳

El término *homosexual* significa 'con tendencia a la homosexualidad', esto es, a la relación erótica con individuos del mismo sexo. Como nada en esta definición limita su referencia al sexo masculino, *homosexual* puede aplicarse tanto a hombres como a mujeres, y la expresión *homosexuales y lesbianas* resulta, por tanto, redundante.

Además, el *DRAE* ya reconoce la palabra *gay* como española, que debe escribirse de redonda, pronunciarse *gay*, y no *guey*, y formar el plural en -*is*, *gais*, y no *gays*. Recientemente, ha ampliado también la definición de *matrimonio* a la unión de personas del mismo sexo.

✳ SÍMBOLOS ✳

Puntos cardinales
N   norte
S   sur
E   este
O   oeste

Estos símbolos, a su vez, pueden combinarse entre sí. Ejemplos:
NE   nordeste, noreste
SE   sudeste, sureste
NO   noroeste
SO   sudoeste, suroeste

Elementos químicos

Ag   plata
C   carbono
H   hidrógeno
Ra   radio
O   oxígeno

Estos símbolos, a su vez, se pueden combinar entre sí. Ejemplos:
H_2O agua
CO_2 dióxido de carbono

Unidades de medida
Unidades de medida del Sistema Internacional. Ejemplos:

m   metro
kg   kilogramo
s   segundo
A   amperio
K   kelvin
mol   mol
g   gramo
rad   radián
Hz   hercio
N   newton
Pa   pascal
J   julio
W   vatio
C   culombio
V   voltio
F   faradio
Ω ohmio

Unidades de medida de uso general incluidas en el Sistema Internacional. Ejemplos:

min   minuto
h   hora
d   día

l	litro
t	tonelada
ha	hectárea

Múltiplos y submúltiplos. Ejemplos:

G	giga-
M	mega-
k	kilo-
h	hecto-
da	deca-
d	deci-
c	centi-
m	mili-
µ	micro-
n	nano-

Las unidades de medida pueden combinarse entre sí. Ejemplos:

mm	milímetros
km/s	kilómetros por segundo
dm	decímetros
kJ	kilojulios
ns	nanosegundos
MHz	megahercios

Símbolos matemáticos

<	menor que
≤	menor o igual que
>	mayor que
≥	mayor o igual que
+	más
–	menos
×	multiplicado por
/	dividido por
=	igual
≠	desigual
∞	infinito
π	número pi (3,1416 aproximadamente)

Otros

§	párrafo
../..	continúa en la siguiente página
@	arroba (en las direcciones de correo electrónico)
©	*copyright* (derechos de autor)
®	marca registrada
&	y
#	número
%	por ciento
‰	por mil
$	dólar (moneda oficial de Estados Unidos de América) o peso (moneda oficial de algunos países)
€	euro (moneda oficial de la Unión Europea)
£	libra esterlina (moneda oficial del Reino Unido)
¥	yen (moneda oficial de Japón)
<	en Filología, *procede de*
>	en Filología, *pasa a*
*	en Filología, *forma hipotética o incorrecta*

✳ TRANSCRIPCIÓN DEL CHINO ✳

La transcripción de los caracteres chinos al español se hace mediante el sistema de escritura fonética del chino llamado *pinyin*.

Para evitar la multiplicidad de grafías según las diferentes lenguas con alfabeto latino, en 1979 la República Popular de China puso en vigor el sistema *pinyin* con el objetivo de unificar los criterios de transcripción. Hay que tener en cuenta que, al leer en castellano los términos chinos transcritos según el sistema *pinyin*, la pronunciación no siempre coincide con la original china.

Por ejemplo, el nombre *Qian Qichen* debe escribirse sin castellanizarlo como *Quian Quichen*, puesto que la *q* equivale a la *ch* española.

Es decir, la transcripción correcta en castellano debería ser *Chian Chichen* (si diese la casualidad de que la segunda *ch* de *Chichen* también se pronunciase como la *q*, es decir, como *ch*), pero siguiendo las indicaciones chinas se debe utilizar una grafía que dé lugar en la lengua castellana a la pronunciación *kian kichen*.

La ciudad *Suzhou*, cuyo nombre se escribía al menos de tres maneras diferentes (*Suchou*, en español; *Soochow*, en inglés, y *Soutcheou* en francés), tiene ahora una sola transcripción: *Suzhou*.

La ventaja del *pinyin* es que evita el riesgo de confundir *Suzhou* con *Xuzhou*, población cuyo nombre se escribía de otros tantos modos: *Siutcheou*, en francés; *Hsuchou*, en inglés, y *Suchou* en español (la misma grafía que para *Suzhou*).

El sistema *pinyin* tiene signos diacríticos de diversos tipos para indicar el tono, pero no suelen escribirse y en la transcripción es importante no eliminar ningún carácter, por superfluo que parezca (suprimir una *a* en el nombre de la provincia de *Shaanxi* llevaría a confundirla con su vecina *Shanxi*), ni unir o separar palabras arbitrariamente (*Heilongjian* es el nombre de una provincia y *Heilong Jian* el de un río, conocido en Occidente como *Amur*).

✳ PAPANOEL SÍ EXISTE ✳

Al menos en el lenguaje, no solo existe Papá Noel, sino que para referirse a los muñecos o a los actores disfrazados se puede optar por la forma *papanoel*, con minúscula, por tratarse ya de un nombre común cuyo plural no plantea ningún problema: *los papanoeles*.

✳ CATÁSTROFES HUMANITARIAS ✳

En principio, la palabra *humanitaria* resulta un contrasentido en el contexto de una catástrofe, teniendo en cuenta que su definición es un 'suceso desdichado que produce una desgracia', ya que *humanitario* significa 'bondadoso y caritativo' y 'que busca el bien de todos los seres humanos'. Sin embargo, el uso de esta expresión ya está muy asentado en el español actual y, por tanto, es admisible, si bien se aconseja no abusar de ella.

Según el contexto, también se pueden emplear *terrible catástrofe*, *enorme desastre, catástrofe humana, ecológica, aérea…*

✳ PALÍNDROMOS ✳

Un palíndromo es una palabra o una frase que se lee igual de izquierda a derecha que de derecha a izquierda. Entre las palabras, la más popular es la de *reconocer*. Más difícil es encontrar una frase como «dábale arroz a la zorra el abad».

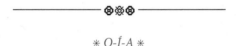

✳ O-Í-A ✳

Oía es la única palabra no monosilábica que tiene tantas letras como sílabas.

✳ ONOMATOPEYAS ✳

Las onomatopeyas son palabras que imitan o recrean el sonido de la cosa o la acción nombrada. Constituyen un recurso expresivo muy potente, capaz de condensar una idea o situación en muy poco espacio, y un procedimiento para formar palabras. A continuación, reproducimos una lista de 94 onomatopeyas elaborada por José Martínez de Sousa.

aceleración de motocicleta: *¡brrrum, brrrum!*
ametralladora: *¡ra-ta-tá!, ¡ra-ta-tá!*
aplausos: *¡plas, plas!*
asco: *¡aj!; ¡puaj!*
aullido del lobo: *¡auuu!*
balido de la oveja: *¡beee!*
beso: *chuic; mua*
bofetada: *¡zas!; ¡paf!*
bomberos: *¡uuuuh, uuuuh!; ¡niinoo, niinoo!*
burbujas del agua: *¡glu, glu, glu!*
caída: *¡catapumba!; ¡pumba!*
campana: *¡talán, talán!; ¡tolón,tolón!; ¡tan, tan!*
campanas (repique): *¡din don!, ¡din don!; ¡din, don, dan!, ¡din, don, dan!*
campanilla: *¡tilín, tilín!; ¡tintín, tintín!*
canto de los pájaros: *¡pío, pío, pío!*
canto de los pollitos: *¡pío, pío, pío!*
canto del gallo: *¡quiquiriquí!*
cañonazo: *¡buuum!*
carcajada: *¡ja, ja, ja!; ¡je, je, je!; ¡ji, ji, ji!; ¡jo, jo, jo!*
carraspeo: *¡ejem, ejem!*
castañuelas: *¡ria-pitá!*
cencerro: *¡tolón, tolón!*
chapoteo: *¡chap, chap!; ¡chop, chop!*
chasquido: *¡chas!; ¡zas!*
claxon: *¡piiii!, ¡piiii!*
cloqueo de gallina: *¡cloc, cloc!*
comer: *ñam, ñam, ñam*
conversación ininteligible: *bla, bla, bla*
corneta: *¡tururú!*
cornetín de órdenes: *¡tararí!*
cristal contra cristal: *¡chin-chin!; ¡tintín!*
cuco: *¡cu-cu, cu-cu!*

desperezarse: *¡oaaa, oaaa!*
disparo de cañón: *¡pum!*
disparo de escopeta: *¡pum!*
disparo de fusil: *¡pum!*
disparo de pistola: *¡bang!*; *¡pam, pam!*
estallido fuerte: *¡buuum!*
estallido pequeño: *¡tric!*; *¡tris!*
estornudo: *¡achís!*
explosión: *¡buuum!*; *¡pum!*
gallina: *co, co, co*
ganso: *on, on*
golpe (en general): *¡cataplam!*; *¡cataplán!*; *¡cataplum!*; *¡cataplún!*; *¡catapum!*; *¡plum!*; *¡pum!*
golpe contra el agua: *¡paf!*; *¡zas!*
golpe contra el suelo: *¡plaf!*; *¡clonc!*
golpe en la puerta: *¡toc, toc!*; *¡tras, tras!*; *¡pon, pon!*
golpe sobre el yunque: *¡tan, tan!*
golpes repetidos: *¡zis, zas!*
gota de agua: *¡ploc!*
grillo: *¡cri, cri!*
grito de dolor: *¡ay!*
gruñido: *¡gr…!*
gruñido del cerdo: *¡oenc, oenc!*
hipo: *¡hip!*
ladrido del perro: *¡guau, guau!*
llanto de un bebé: *¡bua, bua!*
lluvia suave: *plic, plic*
maullido del gato: *¡miau, miau!*
muelles del colchón: *¡ñeeec, ñeeec!*
mugido de vaca o buey: *¡muuu, muuu!*
oca: *on, on*
pajarito: *¡pío, pío!*, *¡pío, pío!*
parpeo del pato: *¡cua, cua, cua!*
pavo: *¡gluglú!*
péndulo del reloj: *tic-tac, tic-tac, tic-tac*
perdiz: *¡aj, aj, aj!*

pito: *¡piiii!, ¡piiii!*
puñetazo: *¡zas!*
rama que se quiebra: *¡crac!*
rana: *¡croac!*
rasgadura: *¡ris ras!; ¡tris!*
ratón (de ordenador): *clic*
rebuzno: *¡hiaaa, hiaaa!*
relincho del caballo: *¡hiiii, hiiii, hiiii!*
repugnancia: *¡aj!; ¡puaj!*
risa abierta: *¡ja, ja!*
risa astuta: *¡je, je!*
risa contenida: *¡ji, ji!*
risa socarrona: *¡jo, jo!*
roce de seda contra seda: *frufrú*
ronquido: *rrrrrrrrr*
ronroneo del gato: *rrr rrr rrr*
rotura de objetos: *¡crag!*
silencio: *¡chist!; ¡chiss!; ¡chsss!* (añadida por la Fundéu)
sirena de ambulancia: *¡uuuuh, uuuuh!*
sueño: *zzz, zzz, zzz*
tambor: *ran rataplán; tantarán; tantarantán*
teléfono: *¡riiin, riiin!*
timbre: *¡rin, rin!*
toque de trompeta: *¡tarara!; ¡tarará!; ¡tararí!; ¡tururú!; ¡turututú!;*
   ¡tuturutú!
trasiego de líquido: *¡glu, glu, glu!*
viento: *sss sss sss*
zumbido de abejas: *zzzzzzzz*

✳ ALTITUD Y ALTURA ✳

Aunque en la lengua general, según el *Diccionario de la lengua española*, las palabras *altura* y *altitud* tienen el mismo significado, en algunas especialidades, como la aeronáutica, no funcionan como sinónimas.

Según la Dirección de Operaciones y Explotación de Sistemas de Navegación Aérea, la *altura* es la distancia vertical entre el avión y la superficie terrestre, mientras que la *altitud* es la distancia entre el avión y el nivel del mar. Así, cuando un avión vuela sobre un continente lo hace a una altura y una altitud diferentes, y cuando vuela sobre el mar lo único que se mide es la altitud, pues no hay otra referencia.

✳ ACRÓNIMOS ✳

Un acrónimo es, por un lado, el término formado por la unión de elementos de dos o más palabras (como *teleñeco*, de *televisión* y *muñeco*, o *Mercosur*, de *Mercado Común del Sur*); por otro lado, también se llama acrónimo a la sigla que se pronuncia como una palabra (*OTAN*).

Respecto a su escritura, se recomienda que, cuando se trate de nombres propios con más de cuatro letras, se escriba en mayúscula solo la inicial, dejando el resto de las letras en minúscula, como ocurre con *Fitur*. Si tienen cuatro letras o menos, se escribirán todas en mayúscula, como en *ARCO*, o, si es posible, en versalitas.

Sin embargo, los acrónimos que se han incorporado a la lengua cotidiana como palabras comunes, como *ovni* o *sida*, se escriben en minúscula.

✳ *REALIZAR COSAS*, LAS PALABRAS COMODÍN MÁS USADAS ✳

Se llama *palabra comodín* a la que se emplea con multitud de sentidos, reemplazando a otras que son más precisas y adecuadas en un determinado contexto. En la actualidad, el verbo comodín más utilizado es *realizar* y el sustantivo más pluriempleado es *cosa*. *Realizar* se puede sustituir por *hacer, celebrar, llevar a cabo, efectuar, elaborar, desarrollar*…, pues el empleo de estas palabras comodín denota pobreza de lenguaje. También existen otros verbos comodín, como *provocar*, que se puede sustituir por *causar* (entre otros muchos), o modismos comodín que se deben evitar, como *dar luz verde* o *amasijo de hierros*.

✳ *MARTENAUTA* MEJOR QUE *MARSONAUTA* ✳

Para referirse a los participantes en expediciones por el planeta Marte, se recomienda emplear la denominación *martenauta* en vez de *marsonauta*. *Martenauta*, formado por *Marte* y *nauta* (por analogía con *astronauta* y *cosmonauta*), es mejor que *marsonauta*, pues este último término es un calco del inglés *marsonaut* (de *Mars*, 'Marte', y *naut*, 'nauta').

✳ *BENDECIDO/BENDITO, IMPRIMIDO/IMPRESO, FRITO/FREÍDO* ✳

Bendecido y *bendito* son los participios del verbo *bendecir*. El primero es regular y el segundo procede del participio latino *benedictus*.

Bendecido es la única forma que debe usarse en la formación de los tiempos compuestos («El cura ha bendecido la casa») y de la pasiva perifrástica («La casa fue bendecida por el cura»).

La forma *bendito* solo se usa como adjetivo y como sustantivo: «Un poco de agua bendita no le puede hacer mal», «Tú dormías como un bendito en la cama».

Por tanto, *bendecido* debe emplearse como participio y *bendito,* como adjetivo y sustantivo.

El verbo *imprimir* tiene dos participios: *impreso* (irregular) e *imprimido* (regular). Son correctas, por tanto, las oraciones «El texto fue impreso» y «El texto fue imprimido».

Como adjetivo se usa solo *impreso*: «El texto impreso está en la bandeja». Lo mismo sucede con *freído* y *frito*. «He freído unos huevos para añadir al pisto» sería igual de correcto que «He frito unos huevos para añadir al pisto», pero en el caso de «He añadido al pisto unos huevos fritos» sería esta la única forma correcta, y no «He añadido al pisto unos huevos freídos».

❋ *FÓRMULA UNO,* NO *FÓRMULA ONE* ❋

Otro de los circuitos por los que más anglicismos circulan es el de la Fórmula Uno.

Por lo que respecta a las ruedas, suele hablarse de los *slick,* cuando lo correcto sería hablar de los *neumáticos lisos,* pensados para rodar sobre un pavimento seco, y de los *full wet,* que serían los *neumáticos de lluvia,* adecuados para lluvia extrema por tener un dibujo especial en la banda de rodadura. Además, en los países hispanohablantes de América a lo que se conoce en España como *neumático,* se llama *llanta,* que en España es la pieza metálica de una rueda sobre la que se monta el neumático.

En la jornada de clasificación previa a la carrera, todos los pilotos luchan por obtener el mejor tiempo y a ser posible por lograr la *pole position,* algo que en español se conoce como la *primera posición de la parrilla de salida.*

Antes del comienzo de cada gran premio los pilotos comprueban el estado de su vehículo en la *warm up lap,* que no es más que la *vuelta de calentamiento*. En el desarrollo de la carrera encontramos también otros términos como *safety car*, que es el coche que va delante de los pilotos en la vuelta de reconocimiento o cuando la carrera se detiene por algún accidente, y que se llama *coche de seguridad*.

El *pit lane*, que se refiere al carril paralelo al circuito por el que los vehículos circulan cuando entran y salen de los garajes, se conoce en español como *calle de garajes*, y la pared o muro que separa ambos carriles no es el *pit wall*, sino simplemente un *muro* o una *mediana*.

El *cockpit* es el *habitáculo*, el espacio donde se introduce el piloto para conducir el coche; el llamado *graining* es el *desgaste* que sufre el neumático y *grip*, la *adherencia* del coche al asfalto.

Entre las distintas sanciones nos encontramos con un *stop and go*, penalización que consiste en que el piloto debe ir a su garaje, parar diez segundos y continuar la carrera, o con el *drive-through*, que le obliga a pasar por la calle de garajes sin pararse. Por no existir términos asentados en español para estas expresiones, se propone que se opte por *pare y siga* y *pase y siga*, respectivamente.

Recuérdese, además, que los *boxes* son los *garajes* de cada equipo donde se preparan y revisan los vehículos, que detrás de ellos están las *autocaravanas*, en lugar de *motorhome*, de las escuderías y que la *team radio*, con la que durante toda la carrera los pilotos están en comunicación con el jefe de sus equipos, no es más que la *radio del equipo* o simplemente la *radio*. Las reuniones y negociaciones se llevan a cabo, por último, en una zona exclusiva para los equipos, denominada *paddock* o *parque*.

✳ LÍVIDO DE TANTA LIBIDO ✳

La palabra *libido* significa 'deseo sexual' y es llana, con lo que se pronuncia *libído* y no de la forma más extendida, *líbido*. No debe confundirse con *lívido*, que es esdrújula y significa 'amoratado' y, más frecuentemente, 'muy pálido'.

Además de 'Francisco', en el español de España *paco* también significa 'francotirador', un término que hace referencia al 'combatiente que no pertenece a un ejército regular', a la 'persona aislada que, apostada, ataca con armas de fuego' y a la 'persona que actúa aisladamente y por su cuenta en cualquier actividad sin observar la disciplina del grupo'. Dado que un policía está sujeto a las normas de su cuerpo policial y un soldado, a las reglas militares, en lugar del término *francotirador* se recomienda que en ambos casos se use la expresión *tirador de élite*.

* EL PUNTO *

Se escribe pegado a la palabra que lo precede y con un espacio antes de la palabra o el signo que lo sigue. La palabra que sigue al punto se escribe siempre con inicial mayúscula.

Existen tres clases de puntos: el punto y seguido, el punto y aparte y el punto final. Los tres indican pausa completa y entonación descendente. Señalan que todo lo escrito con anterioridad tiene sentido completo.

El punto final
Indica que el escrito ha concluido en su totalidad. Es incorrecta la forma *punto y final*.

El punto y seguido
Separa oraciones en las que se trata un mismo tema.

El punto y aparte

Separa párrafos. Marca el fin de la exposición de una idea o de características de la misma y el comienzo de otra.

Otros usos del punto

Abreviaturas

Se coloca al final de la mayoría de las abreviaturas (y nunca de los símbolos).

Sra.
Ilmo.
etc.

Si la abreviatura incluye alguna letra volada, el punto se coloca delante de esta (excepto si la letra volada ya tiene una raya debajo).

D.ª

Horas

El punto separa los minutos de las horas.

20.30 h

Fechas

Al igual que el guion o la barra, separa las indicaciones de día, mes y año en la expresión numérica de las fechas.

10.08.2008 → 10-08-2008 → 10 de agosto del 2008

Entre números

La Ortografía académica recomienda emplear el punto, no la coma, para separar la parte decimal, aunque ambos signos son igualmente válidos.

El número *e* tiene un valor aproximado de 2.718…

Aunque todavía es práctica común separar en los números escritos con cifras los millares, millones, etc., mediante un punto (o una coma, en los países donde se emplea el punto para separar la parte entera del decimal), la norma internacional establece que se prescinda de él. Para facilitar la lectura de estos números, cuando constan de más de cuatro cifras se recomienda separar estas mediante espacios por grupos de tres, contando de derecha a izquierda. Esta recomendación no debe aplicarse en documentos contables ni en ningún tipo de escrito en que la separación arriesgue la seguridad. No se utiliza nunca esta separación, ni tampoco el punto, en la expresión numérica de los años, en la numeración de páginas, la de los portales de vías urbanas y los códigos postales ni en los números de artículos, decretos o leyes.

2000
8000
12 000

Hoy en día se ha generalizado el uso del punto para la ubicación de las emisoras de radio.

103.5 Radio Marca

Plural
Las expresiones que aluden a los signos de puntuación y contienen *punto y* son invariables en plural:

los punto y seguido, los punto y coma
pero los puntos finales

* *LOCA DE CONTENTO* *

Dígase *loca de contento* y no *loca de contenta*, puesto que en esta expresión la palabra *contento* es el sustantivo, que no tiene variación de género, y no el adjetivo *contento, -ta*. Lo correcto es, por tanto, decir *loco de contento* y *loca de contento*, sin variación de género en el sustantivo.

❋ CANÓNIGOS CANÓNICOS ❋

Las palabras *canónico* y *canónigo* no son sinónimas, por lo que no deben confundirse sus grafías. *Canónico* es un adjetivo que significa 'que está de acuerdo con los cánones, reglas o disposiciones establecidos por la Iglesia'. Así, debe escribirse *Derecho canónico*, no *canónigo*, pues *canónigo* es un sustantivo que se usa para designar al sacerdote que forma parte del cabildo de una catedral, y también es el nombre de una planta herbácea de origen mediterráneo cuyas hojas se utilizan para preparar ensaladas.

❋ *PINGA, MANDARRIA, PISAJO…* EL ÓRGANO SEXUAL MASCULINO EN CUBA ❋

Animal, barquillo, bate, bejuco, bicho, bláncamo, cabia, cabilla, cable, camarón, caoba, chorra, cuero, espolón, fenómeno, fruta, guindola, jan, leña, lezna, machete, mafián, malanga, mandarria, manguera, material, morronga, mendol, muñeca, niño, ñame, pico, pinga, piña, pisajo, pulla, remo, timón, tolete, treinta, trole, trozo, tubería, vianda, viga y *yuca.*

❋ TILDES CON FECHA DE CADUCIDAD ❋

SOLO: no debe tener tilde nunca cuando no hay riesgo de ambigüedad. Cuando hay riesgo de ambigüedad y es adverbio, se desaconseja la tilde y en su lugar se prefieren las formas sinónimas *únicamente* o *solamente*.

ESTE, ESTA, ESTOS, ESTAS, ESE, ESA, ESOS, ESAS, AQUEL, AQUELLA, AQUELLOS, AQUELLAS: no deben tener tilde nunca.

MONOSÍLABOS: los monosílabos ortográficos no se tildan salvo en los casos de tilde diacrítica. En concreto, ya no se tildan las palabras en las que todas sus vocales forman un diptongo o un triptongo ortográfico (antes se admitía como excepción).

Ý: se acentúa la letra *y* en nombres de ortografía arcaizante donde tiene el valor de la vocal *i*, si le corresponde por las normas generales.

✳ BELENOFOBIA Y OTRAS FOBIAS CURIOSAS ✳

Fobia	Definición
aeronausifobia	en un avión, aversión a vomitar a causa de un mareo
afenfosfobia	aversión a ser tocado
aliguinefobia	aversión a las mujeres guapas
belenofobia	aversión a las agujas y a los alfileres, especialmente a las agujas de las inyecciones
bogifobia	aversión al hombre del saco y, por extensión, a otros seres imaginarios como duendes y espectros
bromidrosifobia	aversión al olor corporal, propio o ajeno
cacofobia	aversión a la fealdad
caetofobia	aversión al pelo y a los seres peludos
cainofobia	aversión a la novedad
catisolofobia	aversión a sentarse

Fobia	Definición
chamainofobia	aversión a la fiesta de Halloween
cipridofobia	aversión a las enfermedades venéreas y a las prostitutas, que supuestamente las contagian
colpofobia	aversión a los genitales, particularmente los femeninos
courofobia	aversión a los payasos
deipnofobia	aversión a las cenas y a las conversaciones en las cenas
dextrofobia	aversión a los objetos que están cerca de la parte derecha del cuerpo
diquefobia	aversión a la justicia
dromofobia	aversión a cruzar la calle
eisoptofobia	aversión a verse reflejado en un espejo
ergasiofobia	aversión al trabajo
eufobia	aversión a recibir buenas noticias
falacrofobia	aversión a la calvicie
falofobia	aversión a tener una erección
fronemofobia	aversión a pensar
hobofobia	aversión a los vagabundos
leucofobia	aversión al color blanco
macrofobia	aversión a las largas esperas
maieusiofobia	aversión al embarazo
mnemofobia	aversión a los recuerdos
nosocomefobia	aversión a los hospitales
oftalmofobia	aversión a ser mirado fijamente
oneirogmofobia	aversión a tener sueños húmedos
parascevedecatriafobia	aversión al viernes 13

Fobia	Definición
proctofobia	aversión a las enfermedades rectales
pupafobia	aversión a los títeres
sesquipeladofobia	aversión a las palabras largas
tafefobia	aversión a ser enterrado vivo
teronofobia	aversión a que te hagan cosquillas con plumas
uranofobia	aversión al paraíso

✳ LOS USOS INCORRECTOS DEL GERUNDIO ✳

Gerundio del nombre o gerundio especificativo

Es un galicismo. Este gerundio incorrecto ocupa el lugar donde normalmente aparecería un adjetivo especificativo o una oración subordinada adjetiva. Es decir, cuando el gerundio se utiliza en sustitución de *que* + verbo en forma personal, se escribe sin comas, dado que su función es especificativa.

Este uso se admite, como excepciones aceptadas por la Academia, en los siguientes casos:

> agua hirviendo
> clavo ardiendo

Si el gerundio forma parte de un inciso explicativo de origen verbal, sí se utiliza la coma:

> ✓ Los niños, careciendo de recursos de defensa, están totalmente desvalidos ante la acción de los adultos.

En este caso el gerundio es correcto, porque introduce una explicación de la aseveración principal (*están desvalidos*), que podría anteponerse al sujeto (*los niños*).

✕ Los niños careciendo de recursos de defensa están totalmente desvalidos.

En este caso el gerundio es incorrecto, porque funciona como especificativo del sujeto (*los niños*).

Gerundio equivalente a *el cual*
Es impropio el uso del gerundio cuando equivale a *con lo cual, por el cual, en el cual, tras lo cual*…:

✓ Ley por la cual se regula la importación de alimentos.
✕ Ley regulando la importación de alimentos.
✓ Es un programa muy completo, en el que se usan PHP y MySQL.
✕ Es un programa muy completo, usando PHP y MySQL.
✓ Se mezclan los componentes, con lo que se consigue el producto.
✕ Se mezclan los componentes, consiguiéndose el producto.
✓ Se escaparon de la cárcel, tras lo cual huyeron al extranjero.
✕ Se escaparon de la cárcel, huyendo al extranjero.

Gerundio de posterioridad
El gerundio correctamente usado indica simultaneidad o anterioridad de lo que expresa en relación con el verbo al que modifica (por ello, la gramática dice que el tiempo del gerundio es relativo).

La gramática normativa considera incorrecto el gerundio de posterioridad, es decir, el que indica un hecho o suceso posterior al verbo del cual depende:

Nació en Barcelona, licenciándose en Derecho en Madrid.

Mientras que el *besamanos* es la ceremonia en la cual se acudía a besarles la mano al rey y a personas reales en señal de adhesión, también existe el sustantivo *besapié*, que se emplea sobre todo para referirse a ceremonias religiosas en las que se besa el pie de una imagen, habitualmente de Jesucristo.

✳ ¿QUÉ SIGNIFICA *CALAMBUR*? ✳

Calambur es el equívoco que se produce cuando las sílabas de una o varias palabras contiguas, agrupadas de otra forma, producen o sugieren un sentido distinto:

> Elena no llamó.
> El enano llamó.
> A ver si va a nacer el amor en Berlín…
> A ver si van a hacer el amor en Berlín…

✳ *CASTIDAD* Y *CASTIGO*: LA MISMA RAÍZ ✳

Castidad y *castigo* son términos relacionados etimológicamente, ya que *casto* (del latín *castus*) significa 'puro' o 'virtuoso'; *castidad* es la 'cualidad de casto', y *castigo* deriva del verbo *castigar*, que a su vez deriva del latín *castigare* (formado a partir del verbo *ago*, 'hacer', y el adjetivo *castus*), cuyo significado literal sería 'hacer puro'.

✳ NO TODOS LOS SACERDOTES SON CURAS ✳

Un *sacerdote* puede ser católico o no, mientras que el sustantivo masculino *cura* solo se aplica a los sacerdotes católicos. *Cura* tiene, además, una acepción que introduce un matiz de diferenciación respecto de *sacerdote*: 'En la Iglesia católica, sacerdote encargado, en virtud del oficio que tiene, del cuidado, instrucción y doctrina espiritual de una feligresía'.

✳ DIME CUÁNDO, CUÁNDO, CUÁNDO: ESCRIBIR FECHAS Y HORAS ✳

El orden que la Real Academia Española recomienda para la escritura de las fechas es día, mes y año (*14 de octubre de 1951*). Se puede recurrir al orden inverso —año, mes, día—, tal y como aconsejan las normas ISO, cuando se trate de documentos de carácter científico o técnico de circulación internacional. La Academia no recomienda en ningún caso el orden mes, día y año propio de los países anglosajones (*octubre 14 de 1951*).

Las fechas pueden escribirse con letras, con letras y números o solo con números. La primera opción solo es habitual en documentos solemnes, escrituras públicas, actas notariales o cheques bancarios. En este caso, para referirse al primer día del mes, el día se escribe normalmente con el ordinal en América y con el cardinal en España (*primero de marzo de mil setecientos cuarenta y tres* o *uno de marzo de mil setecientos cuarenta y tres*).

La opción más común es la que combina letras y números (*1 de marzo de 1743*), con el mes siempre con inicial minúscula. Cuando las fechas se escriban solo con números, los correspondientes al día, mes y año deben separarse mediante guiones, barras o puntos, y sin espacios: *4-6-1982, 8/7/1980, 12.9.08*.

La RAE recomienda no anteponer, salvo por imperativos técnicos, un cero al número del día cuando este es inferior a 10 (mejor *4/2/98* que *04/02/98*); el mes puede escribirse en números arábigos o romanos (*4/6/82* o *4/VI/82*) y el año puede aparecer con las cuatro cifras o solo con las dos últimas (*7/5/03* o *7/5/2003*). Recuérdese que, cuando el año se escriba con cuatro dígitos, no se debe usar un punto para marcar los miles (mejor *1998* que *1.998*).

No es aconsejable omitir el artículo que precede al año en las fechas. Respecto al uso del artículo delante de la expresión de los años hay que tener en cuenta que:

- Desde el año 1 (y los anteriores a Cristo) hasta el año 1000, se emplean el artículo *el* y la forma contraída de la preposición y el artículo, *del*: «Los árabes llegaron a España en el 711», «El 14 de marzo del 413 a. C. hubo un terremoto en Asia Menor».

- Desde el año 1000 hasta 1999, se utiliza solo la preposición *de*, omitiendo el artículo, para evitar la cacofonía /del-mil/: «27 de febrero de 1995».

- Desde el 2000 en adelante, se ha impuesto la tendencia a usar de nuevo el artículo *el* y, por consiguiente, la contracción *del* en la escritura de los años: «La próxima reunión del Comité Técnico tendrá lugar en el 2005», «Las conclusiones del consejo asesor se harán públicas el 18 de enero del 2004». Por tanto, se aconseja utilizar la forma con artículo para las fechas del 2000 en adelante.

En la grafía de las horas, minutos, segundos… se debe tener en cuenta que:

- Cuando indican el tiempo invertido en una competición, el orden es horas, minutos, segundos y se escriben acompañando cada cifra del correspondiente símbolo: *h* (para las horas), *min* (para los minutos) y *s* (para los segundos); por ejemplo, «14 h 25 min 12 s». Pero no es correcto escribirlas como si se tratase de grados, minutos y segundos sexagesimales: «14h 25' 12"».

- Cuando sea necesario hacer constar las décimas, centésimas, milésimas, etc., pueden indicarse de la siguiente manera: «14 h 25 min 12,6 s», «14 h 25 min 12,06 s», «14 h 25 min 12,006 s».

- Cuando indican el momento en que algo ha de realizarse, debe tenerse en cuenta que, si la hora no tiene fracciones, puede elegirse entre usar números o letras («El acto comenzará a las seis de la tarde» o «El acto comenzará a las 6.00 de la tarde»), y lo mismo se puede aplicar a las medias (*a las seis y media* o *a las 6.30*). Si la hora tiene fracciones, la expresión horaria suele escribirse con números («El acto comenzará a las 8.45, o a las 20.45»).

- Las horas se escriben siempre con letras cuando indican el tiempo transcurrido o el que se requiere para algo («Durante treinta y cinco horas permaneció en las dependencias policiales», «Se requieren diez horas y media para hacer este trabajo»). Y, preferentemente, en las obras literarias, textos noticiosos o cualquier otro escrito no específicamente técnico o científico («Me esperaba a las cuatro y media», «El tren no llegó hasta las seis y veinte», «A las once cuarenta y cinco ya estaba en el aeropuerto»).

✳ UNA ORACIÓN CON TILDE EN TODAS SUS PALABRAS ✳

«Tomás García pidió públicamente perdón, después muchísimo más íntimamente.»

✳ *CAUCUS* ✳

La palabra *caucus* procede de *caucauasu*, una voz amerindia que significa 'reunión de jefes de tribus', y fue adoptada por el Partido Demócrata para denominar al grupo de personas de la misma ideología que se reúnen para tomar decisiones.

El término *caucus* se emplea en el proceso de elección de candidatos a los comicios presidenciales de Estados Unidos. A pesar de ser un extranjerismo, el uso de *caucus* está perfectamente asentado en el español actual y, por tanto, es admisible no escribirlo en cursiva ni entrecomillada.

Por lo que respecta a su plural, evítese la forma *caucuses*, ya que en español la norma para el plural de los extranjerismos que acaban en *-s* es que solo son variables cuando son monosílabos (como en el caso del término *vals*, plural: *valses*) o polisílabos agudos (*francés*, plural *franceses*).

✳ COHECHOS CORRUPTOS ✳

Cuando se utilizan en el ámbito de las informaciones relacionadas con delitos de corrupción y de mal uso del erario o de empresas privadas, los significados de *cohecho* y *corrupción* son similares, pero con matices que conviene tener en cuenta.

El sustantivo *cohecho* es el delito cometido por la acción y efecto de 'sobornar, corromper a un juez o a cualquier funcionario público', para conseguir un beneficio o favor: «La investigación reveló que los funcionarios cometieron cohecho al recibir miles de euros por contratar productos de las empresas cuestionadas y aceptar regalos como viajes y coches».

Corrupción es un término de aplicación más generalizada que se refiere a la 'acción de proponer o aceptar un soborno': «El abogado denunció una propuesta de soborno al jurado del caso». También es la 'perversión o vicio que estropean moralmente a alguien': «Los menores acusaron al padre de corrupción e incesto». Asimismo, alude a la 'práctica consistente en la utilización de las funciones y medios de las organizaciones en provecho, económico o de otra índole, de sus gestores': «Los ciudadanos de los países americanos analizados en el informe de Transparencia Internacional critican la deficiente actuación de los Gobiernos en la lucha contra la corrupción política y del sector privado».

❋ TIFONES DE LA CHINA… Y OTRAS CATÁSTROFES CLIMÁTICAS ❋

Ciclón y *huracán* son sinónimos, pero *tifón* tiene un significado más restringido.

Los términos *huracán* y *ciclón* son equivalentes, pueden usarse indistintamente, pues ambos designan al 'viento muy impetuoso y temible que, a modo de torbellino, gira en grandes círculos, y cuyo diámetro crece a medida que avanza apartándose de las zonas de calma tropicales, donde suele tener origen'. *Tifón*, en cambio, designa únicamente a un 'huracán que se da en el mar de la China'.

Recuérdese, además, que los nombres que se asignan a cada uno de los huracanes, tifones o ciclones tienen una forma determinada de escribirse, en cursiva y con el artículo *el* delante del nombre: *el Katrina, el Gustav…*

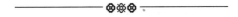

❋ DOS VERBOS PARA UN MISMO NOMBRE ❋

Algunos verbos se han formado a partir de sustantivos que tenían ya otro verbo más primitivo tomado del latín. Normalmente, el nuevo verbo aparece para indicar la acción expresada por un sentido (generalmente figurado) que no tenía la palabra en su origen: *fusionar, comisionar, sugestionar, direccionar…* En otros casos, el verbo derivado del sustantivo conlleva una implicación adicional en su ejecución, es decir, que se hace de modo más activo: *posicionar, recepcionar, explosionar, visionar…*

Verbo primitivo	Sustantivo	Verbo derivado del sustantivo
anexar	anexión	anexionar
cometer	comisión	comisionar
disecar	disección	diseccionar
expandir	expansión	expansionar
explotar	explosión	explosionar
fundir	fusión	fusionar
imprimir	impresión	impresionar
influir	influencia	influenciar
infundir	infusión	infusionar
ofrecer	oferta	ofertar
partir	partición	particionar
posar	posición	posicionar
referir	referencia	referenciar
reflejar	reflexión	reflexionar
sugerir	sugestión	sugestionar
ver	visión	visionar
versar	versión	versionar

❋ coRReCCión ❋

Dos de las posibles duplicaciones de letras en español están presentes en la palabra *corrección*.

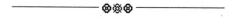

❋ TRANSCRIPCIÓN DEL HINDI ❋

Para transcribir el hindi, se recomienda evitar el uso de los dígrafos (*bh, dh, gh, rh, lh,* etc.) y de las duplicaciones consonánticas (*tt, ss, mm*, *ll*, etc.), salvo en casos con cierta tradición en español, como *Gandhi* o *Nueva Delhi*.

* CUESTIÓN DE SENSIBILIDAD *

Evítese el uso de *sensible* con los significados de 'conflictivo', 'crítico', 'confidencial', 'secreto'...

Se trata de un uso anglicado —por influencia del término inglés *sensitive*— en el que se otorgan a *sensible* significados ajenos al español, como en «Se le acusa de entregar documentos ultrasensibles a la competencia» o «En el encuentro de los ministros se hablará sobre los asuntos más sensibles de la economía», donde lo apropiado hubiera sido «... de entregar documentos confidenciales (o información confidencial)...» y «... sobre los asuntos más críticos (o conflictivos) de la economía».

* PLURALES *

En español hay sustantivos invariables en plural y sustantivos en cuya forma plural se añade -*s* o -*es*.

Los criterios principales para aplicar una u otra forma de plural son los siguientes:

Si termina en vocal átona o *e* tónica, añaden -*s* (*casa, casas; estudiante, estudiantes; comité, comités*).
Si acaban en -*a* tónica o en -*o* tónica, forman el plural con -*s* (*papá, papás; gogó, gogós*). Entre las excepciones, debe recordarse que el plural de *no* es *noes* y los de *yo, yoes* y *yos*.
Cuando terminen en -*i* o en -*u* tónicas, admiten normalmente las dos formas (-*s* y -*es*), aunque la lengua culta prefiere -*es* (*bisturí, bis-*

turíes; tabú, tabúes). Y así sucede también con los gentilicios (*israe-líes, marroquíes...*). Recuérdese que hay voces provenientes de otras lenguas que solo forman el plural con *-s* (*pirulís, champús, menús, vermús*) y que el plural de *sí*, como adverbio, es *síes*, pero como nota musical es *sis*.

Si terminan en *-y* precedida de vocal, lo tradicional es que formen el plural en *-es* (*rey, reyes*). Sin embargo, las incorporaciones más recientes hacen su plural en *-s*, con la *y* convertida en *i* (*jersey, jerséis*).

Los sustantivos y adjetivos que terminan en *-s* o *-x* forman el plural añadiendo *-es* si son monosílabos o polisílabos agudos (*tos, toses*). Son invariables en el resto de los casos (*crisis, crisis*).

Si terminan en *-l, -r, -n, -d, -z, -j* y estas no van precedidas de otra consonante, forman el plural con *-es* (*dócil, dóciles*).

Los sustantivos que acaban en consonantes distintas de estas hacen el plural en *-s* (*cómic, cómics*), excepto *club*, cuyo plural es *clubes*; *imán*, plural *imanes*, y *álbum*, plural *álbumes*.

Las palabras terminadas en *-ch*, que proceden todas ellas de otras lenguas, o se mantienen invariables en plural o hacen el plural en *-es*, como *sándwiches*. Y las que acaban en grupo consonántico forman el plural con *-s* (*iceberg, icebergs; récord, récords*).

✳ *A LA BÚLGARA* ✳

La expresión *a la búlgara* empezó a usarse para aludir a decisiones tomadas por disciplinada unanimidad, a veces con más votos que votantes, como se dice que sucedía en las reuniones del Partido Comunista Búlgaro. Es decir, se refiere a decisiones de las que nadie discrepa, más por miedo o disciplina que por convicción.

afrodisíaco, -ca	afrodisiaco, -ca
agrafía	agrafia
alvéolo	alveolo
amoníaco	amoniaco
atmósfera	atmosfera
austríaco	austriaco
beréber	bereber
búmeran	bumerán
cardíaco	cardiaco
cartomancía	cartomancia
cénit	cenit
chófer	chofer
cóctel	coctel
dínamo	dinamo
electrólisis	electrolisis
endócrino	endocrino
fútbol	futbol
gladíolo	gladiolo
hemiplejía	hemiplejia
hipocondríaco	hipocondriaco
íbero	ibero
ícono	icono
isóbara	isobara
kárate	karate
maníaco	maniaco
médula	medula
nigromancía	nigromancia

olimpíada	olimpiada
omóplato	omoplato
ósmosis	osmosis
paraplejía	paraplejia
período	periodo
policíaco	policiaco
pudín	pudin
reúma	reuma
rubéola	rubeola
vídeo	video
zodíaco	zodiaco

✳ GENTILICIOS, CULTURA Y RELIGIÓN ✳

Es habitual la confusión entre *árabe*, *islámico* y *musulmán*. *Musulmán* es sinónimo de *islámico* y de *mahometano*, pero estos términos no son sinónimos de *árabe*. *Árabe* significa 'de Arabia o relacionado con ella' y 'de los pueblos de lengua árabe'; *islámico* es 'del islam o relacionado con esta religión', y tanto este término como *musulmán* o *mahometano* se refieren a lo 'perteneciente o relativo a Mahoma o a su religión'. Cuando se habla de *moros* se hace referencia solo a los naturales de la parte noroccidental de África. La mayoría de los países árabes son musulmanes, pero no todos los países en los que la religión mayoritaria es el islam son países árabes. Afganistán, Turquía, Indonesia, Irán, Azerbaiyán, Pakistán, Bangladés, el Chad, etc., no son países árabes ni sus habitantes hablan la lengua árabe. Sí son, en cambio, países islámicos. Hay, además, otros países que no pueden llamarse islámicos, pero que tienen en su población un importante número de musulmanes, como Albania, Bulgaria, los países que componen la antigua Yugoslavia (Bosnia, Croacia, Eslovenia, Macedonia y Serbia), China, la India... Habitualmente, se considera que los países a los que cabe aplicar el adjetivo *árabe* (aunque en algunos de ellos la lengua árabe no sea la mayoritaria) son los que forman parte de la Liga Árabe: Arabia Saudí, Argelia, Baréin, las Comoras, Egipto, los Emiratos Árabes Unidos, Irak, Jordania, Kuwait, Líbano, Libia, Marruecos (y el Sáhara Occidental, anexionado por este último), Mauritania, Omán, Palestina, Qatar (o Catar), Siria, Somalia, Sudán, Túnez, Yemen y Yibuti.

Algo muy similar sucede con los términos *hebreo*, *israelí*, *israelita* y *judío*, que aunque tienen matices distintos, son intercambiables en algunos contextos. *Hebreo*, *judío* e *israelita* funcionan como sinónimos solo en su sentido histórico, 'relativo al antiguo pueblo de Israel', y en su sentido religioso, 'referido a aquellas personas que profesan la religión judía y a todo aquello propio de los judíos'. El gentilicio *israelí* (plural *israelíes*), designa a aquellas personas que viven en el moderno Estado de Israel, al margen de la religión que practiquen (que no es necesariamente la judía). El término *israelí* es el correcto, igualmente, para referirse a cualquier institución política u organización de dicho Estado. Con el término *israelita* se designa a los judíos de la Antigüedad; en sentido religioso, a los que practican la religión del Antiguo Testamento, y asimismo a los judíos de todo el mundo (especialmente a los practicantes).

La palabra *judío* designa a un pueblo o comunidad religiosa. Y el término *hebreo* se refiere a la lengua de este pueblo, y por extensión se aplica a los hablantes de dicha lengua.

Otra palabra que induce al error es *finés*, que es el nombre del idioma hablado en Finlandia, cuyo gentilicio es *finlandés*. Ambos términos pueden usarse como sinónimos en los dos sentidos, pero se prefiere el empleo de *finlandés* como gentilicio y de *finés* para el idioma que se habla en dicho país.

Pero ahí no acaban las confusiones con Finlandia, que no es un país escandinavo, como a veces suele decirse por error, sino nórdico. Escandinavia está integrada por Dinamarca, Noruega y Suecia. Los países nórdicos son los tres mencionados, más Finlandia e Islandia. Otro grupo geográfico que a menudo crea confusión es el Reino Unido, que hay que distinguir de Gran Bretaña e Inglaterra.

Gran Bretaña está formada por Inglaterra, Escocia y el País de Gales; y el Reino Unido, por Gran Bretaña e Irlanda del Norte. Por tanto, *Gran Bretaña* no es sinónimo de *Reino Unido*, puesto que se deja fuera a Irlanda del Norte, y tampoco lo es *Inglaterra*, que solo constituye una parte del país, como lo son Gales, Escocia e Irlanda del Norte. En lo que respecta al gentilicio de ese país, si bien lo habitual es hablar de *inglés*, resulta más adecuado el término *británico*.

※ PALABRAS WWW ※

Blog y sus derivados **bloguero**, **bloguear** o **blogosfera** son válidos en español y por ello se recomienda escribirlos en redonda, esto es, sin comillas ni cursiva.

El plural de *blog* se forma añadiendo una *s* (*blogs*)**,** igual que sucede con otras palabras terminadas en consonante distinta de *-l*, *-r*, *-n*, *-d*, *-z*, *-j*, *-s*, *-x*, *-ch*, como *cómics*, *esnobs* o *cracs*.

Además, se han instalado en el español derivados como *bloguero* (persona que escribe en un blog), *bloguear* (escribir en un blog) o *blogosfera* (término que hace referencia al conjunto de los blogs), que proceden, a su vez, de voces empleadas en inglés: *blogger*, *blogging* y *blogosphere*, respectivamente.

Por ello, son correctas frases como «Desde Nueva York actualiza periódicamente su blog», «Baréin puso en libertad a un conocido bloguero, pero detuvo a varias personas», «El derecho le fue reconocido en el 2006, cuando llegó a España huyendo por bloguear sus ideas contra el islam», «Mucho se está hablando en la blogosfera sobre la situación que vive el país nipón tras la alarma nuclear».

Chat. Sustantivo de género masculino cuyo plural es *chats*: *el chat*, *los chats*. En el español actual se admite el uso de la palabra *chat* y del verbo *chatear*. Ambos vocablos se emplean en la jerga informática con los sentidos de 'conversación con una o más personas a través de internet' (*chat*) y de 'mantener una conversación mediante la red, intercambiando mensajes electrónicos' (*chatear*). *Chat* se puede sustituir por los equivalentes españoles *cibercharla* o *ciberplática*.

Guglear. *Googlear*, con el sentido de buscar algo con el motor de búsqueda en la red Google, no es incorrecto, aunque si se llega a aceptar como parte del léxico castellano, no debería haber problema en adaptar su escritura con la forma *guglear*.

Hacker. Puede traducirse por *pirata informático* o escribirse entre comillas o en cursiva.

Newsletter. Escríbase en cursiva o tradúzcase. El equivalente en español de *newsletter* es *boletín informativo*. Referido a los *newsletters* en internet, puede traducirse como *boletín digital* o *eletrónico*.

Tableta. Es el término recomendado para referirse a los dispositivos portátiles con tecnología táctil, en lugar del anglicismo *tablet*.

Trending topic. En los medios de comunicación se emplea cada vez con más frecuencia la expresión *trending topic* para referirse a *las tendencias o a los temas del momento*: «España no es el único país en el que la banda terrorista ETA se ha convertido en *trending topic*», «*Operación Triunfo* se cuela en los *trending topic mundiales*».

Expresión inglesa, propia de la red social Twitter, que debe escribirse en cursiva o entrecomillada, aunque es preferible utilizar en su lugar alternativas españolas, como *temas del momento*, traducción que ofrece Twitter en su versión en español, *tendencias*, *temas destacados* o *temas de moda*.

Así, en los ejemplos anteriores hubiera sido más adecuado escribir: «España no es el único país en el que la banda terrorista ETA se ha convertido en tema del momento», «*Operación Triunfo* se cuela entre las tendencias mundiales».

Tuitero, tuitear, tuiteo y retuiteo. Las formas españolas *tuitero(a)*, *tuitear*, *tuiteo* y *retuiteo* son las apropiadas para referirse a las actividades relacionadas con la red social Twitter.

En inglés, el verbo que se emplea para aludir a la acción de escribir un texto en Twitter es *to tweet*, y para reenviar lo que ha publicado otra persona, *to retweet*; ambas formas pueden adaptarse al español como *tuitear* y *retuitear*.

Para denominar el mensaje enviado o reenviado (en inglés, *tweet* y *retweet*), son adecuados los términos *tuiteo* y *retuiteo*, sobre el modelo de otros verbos y sustantivos de nuestra lengua que proceden del inglés: *to reset*, 'resetear' y 'reseteo'; *to scan*, 'escanear' y 'escaneo'; *to check*, 'chequear' y 'chequeo', etc.

Sin embargo, en este caso el uso ha consolidado la adaptación fonética *tuit* (*retuit*), plural *tuits* (*retuits*).

El verbo *tuitear* significa 'mandar un mensaje a través de Twitter', por lo que resultan redundantes frases como «Yo tuiteo un tuiteo» o «Yo tuiteo un tuit»; bastaría con decir «Yo tuiteo».

Por último, *Twitter*, como nombre propio de la red social, debe escribirse así, con mayúscula inicial, *w* y doble *t*, ya que es una marca registrada.

Web. Tradúzcase por *red* o por el adjetivo *electrónico*, según proceda. El término inglés *web*, 'red', se emplea en español como forma abreviada de *World Wide Web*, que designa al servicio de internet. Para este uso, la Real Academia prefiere el equivalente español *red*. *Web* tiene también un uso adjetival en expresiones como *página web* o *sitio web*. La Academia recomienda, por último, que la forma en plural, tanto del sustantivo como del adjetivo, sea *webs* (aunque la forma invariable para el uso adjetival no es infrecuente).

✳ ARISTOCRÁTICOS POR PARTIDA DOBLE ✳

En la palabra *aristocráticos* se produce una curiosa casualidad: todas sus letras están repetidas.

✳ QUEÍSMO Y DEQUEÍSMO ✳

Se presenta queísmo cuando se omite una preposición (generalmente *de* o *en*) exigida por un verbo que se construye con un complemento de régimen (*darse cuenta de algo, alegrarse de algo…*), un sustantivo (*no cabe duda de que, con la condición de que, tener ganas de algo…*), un adjetivo que lleva un complemento preposicional (*estar seguro de algo, estar convencido de algo*) o una locución (*a pesar de que, a fin de que, en el caso de que*).

Una manera de determinar si el uso de la preposición resulta necesario es convirtiendo el enunciado en interrogativo. Si la pregunta debe ir encabezada por la preposición, esta ha de mantenerse en la modalidad enunciativa. Si la pregunta no lleva preposición, tampoco la llevará en la modalidad enunciativa: *¿de qué me alegro?* (*me alegro DE que…*); *¿en qué confío?* (*confío EN que…*); *¿de qué está seguro?* (*está seguro DE que…*); *¿qué opina?* (*opina que…*).

Los verbos *advertir, avisar, cuidar, dudar* e *informar*, en sus acepciones más comunes, pueden construirse de dos formas: con un complemento directo (*advertir algo a alguien, avisar algo a alguien, cuidar algo o a alguien…*) o un complemento de régimen (*advertir DE algo a alguien, avisar DE algo a alguien, cuidar DE algo o alguien…*). En estos casos la presencia de la preposición *de* delante de la conjunción *que* no es obligatoria, pero el hecho de que aparezca o no da lugar a ligeras diferencias semánticas.

Aunque la Real Academia lo considera un uso indebido, el queísmo es una simplificación muy habitual en el lenguaje coloquial tanto en España como en Hispanoamérica. Desde el punto de vista normativo, se considera un error opuesto al dequeísmo, y a veces se considera una ultracorrección de este fenómeno gramatical.

El dequeísmo, en efecto, se da cuando se emplea indebidamente *de que* en lugar de *que* con verbos que no tienen un complemento de régimen, sino un complemento directo.

Transformar la frase dudosa en una pregunta es de nuevo una manera de detectar el dequeísmo. La pregunta *¿de qué pienso?* no es posible, mientras que *¿de qué me percato?* es correcta. La presencia o ausencia de la preposición en la pregunta indica si es necesaria o no en la construcción.

✳ ¿IMPLÍCITO O TÁCITO? ✳

Estos adjetivos, en general, se usan como sinónimos, aunque en rigor no significan lo mismo, pues *implícito* es lo no explicado y *tácito* es lo no dicho.

Verbos y locuciones donde suele aparecer dequeísmo:

Aconsejar: «Yo le aconsejo que…»
Afirmar: «Yo le afirmo que…»
Asegurar: «Yo le aseguro que…»
Comprobar: «Yo compruebo que…»

Contestar: «Yo le contesto que…»
Creer: «Yo creo que…»
Explicar: «Yo le explico que…»
Gustar: «A mí me gusta que…»
Imaginar: «Yo imagino que…»
Indicar: «Yo le indico que…»
Llamar la atención: «A mí me llama la atención que…»
Negar: «Yo niego que…»
Notar: «Yo noto que…»
Observar: «Yo observo que…»
Olvidar: «Se me olvidó QUE él vendría» > «Se me olvidó ESO»   «Yo me olvidé DE QUE él vendría» > «Yo me olvidé DE ESO»
Pedir: «Yo le pido que…»
Pensar: «Yo pienso que…»
Pretender: «Yo pretendo que…»
Prohibir: «Yo le prohíbo que…»
Recordar: «Yo le recuerdo que…»
Saber: «Yo sé que…»
Sospechar: «Yo sospecho que…»
Suponer: «Yo supongo que…»
Valer la pena: «Vale la pena que…»
Verificar: «Yo verifico que…»

✳ COGER, CACHAS…,
PALABRAS PARA NO USAR EN SEGÚN QUÉ PAÍSES ✳

Hay palabras que se convierten en malsonantes según el país donde se usen. El verbo *coger*, por ejemplo, es malsonante o vulgar en
el español de algunos países de América, en los que se utiliza con el

sentido de 'copular'; sin embargo, debe tenerse en cuenta que, según el contexto, este verbo se emplea también con muchos otros significados: 'asir', 'agarrar', 'tomar', 'capturar', 'prender', 'apresar', etcétera.

Mientras que en España *cachas* es un término coloquial de uso extendido que se refiere a alguien 'musculoso y fornido', en Chile es una palabra malsonante. *Paloma*, además de una advocación de la Virgen, un animal y un nombre de mujer, se utiliza en algunos países de Hispanoamérica para referirse el órgano sexual masculino, de la misma manera que *concha* sirve en Argentina para referirse al órgano sexual femenino.

✳ CENTRIFUGADOS ✳

En la palabra *centrifugados* ninguna de sus trece letras se repite.

✳ DOS PUNTOS ✳

Los dos puntos es un signo de puntuación que indica que lo que sigue es consecuencia o conclusión de lo que antecede, y que en el habla corresponde a una pausa precedida de un descenso en el tono. Dicha pausa es mayor que la de la coma y menor que la del punto. Al contrario de lo que ocurre con el punto, los dos puntos no indican que se termina la enumeración del pensamiento completo. Estos detienen el discurso para llamar la atención sobre lo que va a continuación, que siempre está en estrecha relación con el texto precedente.

Los dos puntos deben escribirse pegados a la palabra o el signo que los antecede, y separados por un espacio en blanco de la palabra o el signo que los sigue. Usos:

Para marcar una pausa enfática

Detrás de algunas expresiones de carácter introductorio del tipo de *a saber, ahora bien, pues bien, esto es, en síntesis, en resumen, dicho de otro modo, en otras palabras, más aún...* se pueden poner dos puntos para marcar una pausa enfática.

No es necesario que la oración que va detrás empiece con mayúscula.

> Nunca me ha molestado colaborar. Dicho de otro modo: me gusta ayudar a los demás.
> ¿Recuerdas lo que te conté de Ramiro? Pues bien: ha vuelto a hacerlo.

En la mayoría de estos casos los dos puntos se pueden sustituir por la coma. Al utilizar los dos puntos, se da énfasis a lo que va a continuación y se crea cierta expectación en el lector. Si se pone coma, en cambio, esos matices desaparecen.

Cuando dos oraciones están relacionadas entre sí, se pueden unir poniendo dos puntos, sin que haya necesidad de usar otro nexo. De esta forma se pueden expresar relaciones de causa y efecto, de conclusión, de consecuencia o resumen de la oración anterior, o de explicación.

> Está lloviendo: no podremos ir a la playa.
> Hacía frío, nevaba, teníamos sueño: tuvimos que volver pronto a casa.
> Hoy tengo que salir antes del trabajo: tengo que acompañar a mi madre al médico.

Para introducir una conclusión, una consecuencia, un resumen de la oración anterior o una explicación de lo mencionado anteriormente, también se puede usar el punto y coma. Si se utiliza algún enlace, no se ponen los dos puntos.

> Hoy tengo que salir antes del trabajo porque tengo que acompañar a mi madre al médico.

Delante de las citas textuales

Se utilizan los dos puntos delante de las citas textuales si van precedidas de verbos o expresiones introductorias del lenguaje en estilo directo (*decir, declarar, explicar, responder...*). Dichas citas deben escribirse entre comillas y comenzar con mayúscula.

Como decía Ortega y Gasset: «La claridad es la cortesía del filósofo».

Delante de las enumeraciones explicativas

Después de anunciar una enumeración explicativa, se ponen dos puntos.

Había dos personas implicadas en el robo: uno de los trabajadores de la empresa y uno de sus hijos.

Cuando **se anticipan los elementos de la enumeración**, los dos puntos sirven para cerrarla y dar paso al concepto que los engloba.

Traducir, corregir y editar: esas serán tus funciones.

En cartas y documentos

Tras las fórmulas de saludo en los encabezamientos de cartas y documentos hay que poner dos puntos. En esos casos, la inicial de la palabra que va detrás de los dos puntos debe ir en mayúscula y en renglón aparte.

Estimado señor García:
Tras estudiar su oferta, hemos llegado a la conclusión de que usted es idóneo para trabajar en esta empresa.

Aunque cada vez está más extendido, hay que evitar en español el uso de la coma en lugar de los dos puntos en estos casos, ya que se trata de un anglicismo.

En textos jurídicos y administrativos

En textos jurídicos y administrativos, como decretos, sentencias, bandos, edictos, certificados o instancias, se colocan los dos puntos detrás de los verbos típicos de estos escritos (*expone, certifica, dispone, declara...*), que presentan el objetivo fundamental de los documentos y que van escritos con todas sus letras en mayúscula. La primera palabra que sigue a dichos verbos se debe escribir con inicial mayúscula y en párrafo aparte.

CERTIFICA:
Que D. Luis Martínez Hernández ha obtenido el título de ...

En este caso, el signo dos puntos es compatible con la conjunción subordinante *que*. Es una excepción de la norma de incompatibilidad de dicha conjunción con los dos puntos.

Escritos de tipo esquemático
Los dos puntos se pueden utilizar en algunos documentos (informes, impresos de solicitud, etc.) detrás de los conceptos que deben ser cumplimentados o concretados.

Nombre: Laura
Apellidos: Fernández Iglesias
Dirección: c/ Alberto Aguilera, n.º 10
Población: Madrid

En títulos y epígrafes
Para separar el título general del tema concreto en títulos y epígrafes, se suelen poner dos puntos.

«La literatura medieval: estudio comparativo de los principales motivos recurrentes.»

Usos incorrectos
Es incorrecto escribir dos puntos entre una preposición y el sustantivo o sustantivos que esta introduce.

Este artículo ha sido escrito por: Julio Pérez.

> Iremos de viaje a: España e Inglaterra.
> Le gusta leer los poemas de: César Vallejo y Pablo Neruda.

Tampoco deben ponerse dos puntos ni delante ni detrás de la conjunción *que* (excepto en los casos mencionados anteriormente: en textos jurídicos y administrativos, como decretos, sentencias, bandos, edictos, certificados o instancias).

Después de dos puntos, siempre hay que empezar con minúscula, excepto cuando lo que va detrás es una cita, una enumeración ordenada en varios párrafos y algún otro caso excepcional.

Asimismo, es inadecuado el uso de los dos puntos entre el verbo y su complemento (u objeto) directo.

> Había comprado: lápiz, tajador y corrector líquido.

El único caso en que se presentan los dos puntos entre el verbo y su objeto directo es cuando se reproduce una cita textual.

> El abogado había dicho: «Usted saldrá libre».

✳ EJEMPLOS PARADIGMÁTICOS DE REDUNDANCIAS REDUNDANTES ✳

Un *accidente* es siempre algo inesperado, un suceso eventual. *Fortuito* denota que algo sucede casualmente. Por lo tanto, la palabra *fortuito* no aporta ninguna cualidad nueva a *accidente*, de la misma manera que si algo *está en vigor*, está en vigor actualmente, otra redundancia habitual.

Una *apología* siempre es a favor de algo o alguien, pues es un 'discurso de palabra o por escrito, en defensa o alabanza de alguien o algo', por lo que hablar de *apología a favor de* es innecesario. Asimismo, el término *orografía* lleva implícita la idea de terreno, por lo que *orografía del terreno* es redundante.

Las *divisas* son monedas extranjeras, así que decir *divisas extranjeras* es como decir *amigos personales* o *personas humanas*, otras expresiones que tienen como nexo (y no *nexo de unión*) ser redundantes.

Cuando vaya al médico sea previsor y pida *cita*, que es 'una reunión o encuentro que previamente se ha acordado', por lo que no hace falta que especifique que es una *cita previa*. Pero no sea demasiado previsor y *prevea con antelación*, pues *prever* es 'ver con antelación', por lo que es impropio emplear las expresiones *prever con antelación* o *prever con anticipación* a no ser que se quiera especificar la magnitud de la antelación con la que algo se ha previsto: *prever con mucha/ poca antelación* o *prever con la suficiente anticipación*.

Estos son solo algunos ejemplos, aunque no *ejemplos paradigmáticos*, que también es expresión redundante. Pero también hay redundancias más sutiles, como el uso de expresiones heredadas del inglés del tipo *fue operado de su mano izquierda*, pues no hace falta utilizar el posesivo cuando no puede ser otra sino suya esa mano izquierda. *Fue operado de la mano izquierda* sería la manera conveniente de expresarlo.

✳ CINCO Y MIL ✳

Cinco es el único número que tiene las letras que él mismo indica, mientras que *mil* es el único número que no tiene ni *o* ni *e*.

✳ TILDES DIACRÍTICAS ✳

Permiten distinguir palabras que se escriben igual pero pertenecen a categorías gramaticales diferentes o tienen significados distintos.

Por ejemplo: *el* (artículo) y *él* (pronombre); *se* (pronombre) y *sé* (del verbo *ser* o *saber*); *mas* (conjunción) y *más* (adverbio); *como* (adverbio, conjunción o preposición) y *cómo* (adverbio interrogativo o exclamativo); *te* (pronombre y sustantivo que designa a la letra) y *té* (sustantivo que significa 'infusión').

Los demostrativos (*este, ese, aquel...*) pueden ser pronombres o adjetivos, y solo se acentuaban como pronombres, en frases con una posible ambigüedad: «Encontraron aquellos cuadros antiguos» (el sujeto está omitido y *aquellos* acompaña a *cuadros*) y «Encontraron aquéllos cuadros antiguos» (*aquéllos* es un pronombre que funciona como sujeto de la oración). Ocurría lo mismo con *solo* (adjetivo) y *sólo* (adverbio).

En ambos casos, la Ortografía académica de 2010 indica que se puede prescindir de esta tilde incluso en casos de ambigüedad.

✳ *TUTÍA* ES ÁRABE ✳

El *tutía* de la expresión *no hay tutía*, que se utiliza en situaciones que no se pueden evitar o que no tienen solución, procede del árabe *tutiya*, que significa 'sulfato de cobre'. En las chimeneas de los hornos donde se fundía el cobre, se acumulaba una costra grisácea formada por el óxido del cinc que se utilizaba como remedio para aliviar las enfermedades de los ojos. En tiempos de Cervantes se utilizaba este término con el significado de 'remedio' o 'medicina'. *No haber tutía* es, pues, 'no haber remedio, carecerse de solución para un problema'.

✳ PUNTOS SUSPENSIVOS ✳

Signo de puntuación formado por tres —y solo tres— puntos consecutivos (...), llamado así porque entre sus usos principales está el de dejar en suspenso el discurso. Supone una interrupción de la oración en un final impreciso. En la pronunciación representan una pausa y una entonación suspendida.

En los textos impresos aparecen siempre pegados a la palabra o el signo que los precede y separados por un espacio de la palabra o el signo que los sigue; pero si lo que sigue a los puntos suspensivos es otro signo de puntuación, no se deja espacio entre ambos.

Si los puntos suspensivos cierran el enunciado, la palabra siguiente debe escribirse con mayúscula inicial.

He escrito cuentos, poemas, ensayos… Ahora quiero publicar una novela.

Si no cierran el enunciado, la palabra que sigue se inicia con minúscula.

No tengo… prisa.

El espacio entre los puntos es variable, aunque en español lo normal ha sido reducirlo al mínimo (…).

Usos
Para indicar la existencia en el discurso de una pausa que expresa duda, temor, vacilación o suspenso.

No sé si ir o si no ir… No sé qué hacer.
Te llaman del hospital… Espero que sean buenas noticias.
Quería preguntarte… No sé…, bueno…, que si quieres ir conmigo a la fiesta.
Si yo te contara…

Para indicar que se deja algo inacabado, porque se da por hecho que el interlocutor sabrá completarlo.

Si te viera tu madre…

Es especialmente frecuente este uso cuando se reproduce un refrán o un fragmento literario de sobra conocido.

> A buen entendedor...

Para insinuar expresiones o palabras malsonantes o inconvenientes, evitando su reproducción.

> ¡Qué hijo de... está hecho!

A veces se colocan tras la letra inicial del término que se insinúa.

> Vete a la m... No te aguanto más.

Se usan cuando, por cualquier otro motivo, se desea dejar el enunciado incompleto y en suspenso.

> Fue todo muy violento... Prefiero no hablar del tema.

También se emplean no con valor de interrupción del discurso, sino con intención enfática o expresiva, para alargar entonativamente un texto.

> Ser... o no ser... Esa es la cuestión.

Para indicar que una enumeración podría continuar.

> En la granja había de todo: vacas, marranos, gallinas, conejos...

Para evitar repetir completo un título largo de una obra que debe volver a mencionarse.

> La obra *Yo era un tonto y lo que he visto me ha hecho dos tontos*, de Rafael Alberti, está llena de grandes aciertos. Los versos de *Yo era un tonto...* contienen algunos de los mejores hallazgos expresivos del autor.

Para indicar que en un texto citado se elimina alguna parte. En estos casos, los puntos suspensivos aparecen entre corchetes [...] o entre paréntesis (...).

Fui don Quijote de la Mancha y soy agora [...] Alonso Quijano el Bueno (Cervantes, *Quijote*, II [Esp. 1615]).

Combinación con otros signos
Si los puntos suspensivos finalizan el enunciado, no debe añadirse el punto de cierre, pero si van detrás de una abreviatura, se suma a ellos el punto que la cierra, de modo que se escribirán cuatro puntos en total.

Tras los puntos suspensivos sí pueden colocarse otros signos de puntuación, como la coma, el punto y coma y los dos puntos, sin dejar entre ambos signos ningún espacio de separación.

Los puntos suspensivos se pueden combinar también con los signos de interrogación y exclamación. Los tres puntos deben aparecer dentro de los signos de interrogación o exclamación cuando el enunciado que aparece dentro de ellos está incompleto, y fuera de ellos cuando el enunciado está completo.

¿Sabía usted...?
Pero ¡qué has hecho!...

El signo de puntuación correspondiente debe aparecer unido sin espacio a los puntos suspensivos.

Los puntos suspensivos y la expresión *etcétera* (*etc.*)
Los puntos suspensivos y la expresión *etc.* se excluyen entre sí, ya que ambos indican que una enumeración podría continuar. Poner ambas indicaciones es redundante.

La primera persona del pretérito perfecto del verbo *estar* tiene la curiosidad de contener cuatro letras del alfabeto en el orden en el que aparecen en este: *s-t-u-v*.

* LOS FALSOS AMIGOS MÁS «CERCANOS» *

Los falsos amigos son aquellas palabras de otras lenguas que son parecidas, en la escritura o la pronunciación, a una palabra de la nuestra, pero que, sin embargo, tienen un significado distinto. Estos son algunos de los más habituales:

actual: Es incorrecto usar esta palabra con el significado de 'actual'. En inglés, *actual* quiere decir 'verdadero, efectivo, real'. Sin embargo, en español *actual* significa 'del momento presente, de actualidad, de hoy en día'.

adoptar: Es incorrecto usar este verbo con el significado de 'aprobar'. En francés, *adoptar* quiere decir 'aprobar o aceptar'. Sin embargo, en español no tiene esa acepción y es incorrecto usarlo en frases como «No se ha adoptado el presupuesto».

asumir: Aunque *asumir* comparte significado con el término inglés *assume* cuando significa 'hacerse cargo, responsabilizarse de algo, aceptarlo', en español no tiene en ningún caso el significado de '*suponer*', por lo que su uso con este significado es un calco innecesario del inglés.

Se recuerda que cuando se trata de *asumir el poder* no es correcto usar este verbo sin complemento, como en «El candidato electo asumirá en enero próximo». Lo correcto es decir *asumir responsabilidades, asumir el mando, asumir las nuevas funciones…*

billones: Es común que, cuando los medios de comunicación escriben cifras que proceden de textos en inglés, hablen incorrectamente de *billones*: «Según las proyecciones poblacionales, en el 2011 seremos 7 billones de personas»; «Cuando se acabe el 2011, alcanzaremos los 7 billones de personas, sobre la faz de la Tierra». El *billion* inglés equivale en español a *mil millones* o *un millardo*, denominación menos utilizada, y no a un *billón* ('un millón de millones').

bizarro: La palabra *bizarro* tiene dos acepciones tradicionales en español: por un lado, 'valiente', y, por otro, 'generoso, espléndido, gallardo, lucido'. Sin embargo, en muchos medios de comunicación se ha extendido su uso con el sentido de 'raro, extraño, estrambótico o sórdido', que proviene de las acepciones francesa e inglesa del término *bizarre*. Así, se pueden encontrar en las noticias frases como «Su atractivo bizarro, sus extraños estilismos y sus gestos inimitables hacen a Johnny Depp ser único» o «Un bizarro accidente estuvo a punto de costar la vida a Steven McCormack, un camionero neozelandés». En estos ejemplos podrían haberse utilizado otros adjetivos más acordes con la tradición española: «Su atractivo extravagante, sus extraños estilismos y sus gestos inimitables hacen a Johnny Depp ser único» o «Un extraño accidente estuvo a punto de costar la vida a Steven McCormack, un camionero neozelandés».

carbón: La voz inglesa *carbon* no es traducible por el término español *carbón*, ya que no significan lo mismo. En inglés, *carbon* se refiere al elemento químico *carbono*, no al material combustible que en español se llama *carbón de piedra* o *carbón vegetal*.

confidente: Es incorrecto emplear esta palabra con el significado de 'seguro de sí mismo'. En inglés, *confident* quiere decir 'seguro de sí mismo', 'fiable', 'confiado', 'convencido' o 'presuntuoso'. En español, *confidente* significa 'persona a la que otro confía sus secretos' o 'espía'.

elaborado: El término *elaborado* no equivale, como en inglés *elaborate*, a 'complejo', 'complicado', 'detallado', sino a 'confeccionado', 'hecho', 'fabricado', 'preparado (por)', o 'hecho con arte y habilidad'.

eventualmente: Es incorrecto traducir *eventually* por 'eventualmente'; la traducción apropiada es '*finalmente*', '*con el tiempo*' o '*a la larga*'.

obsceno: *Obsceno* significa 'impúdico, ofensivo al pudor', y no 'escandaloso' o 'repulsivo'. El error proviene del adjetivo inglés *obscene*, que además de 'impúdico' o 'indecente' (significados que comparte con el español *obsceno*) tiene los valores de 'escandaloso', 'repulsivo' o 'repugnante'. Ante esa confusión conviene aclarar que *obsceno* en español solo significa lo que 'es grosero en el terreno sexual y ofende al pudor'. No resulta, pues, adecuado su uso en casos como «El obsceno salario del exministro pone en guardia al Gobierno» o «Los vascos consideran obscenas esas declaraciones sobre los atentados de ETA». En lugar de *obsceno* y *obscenas* debieron usarse, por ejemplo, *escandaloso* y *repulsivas*: «El escandaloso salario del exministro pone en guardia al Gobierno», «Los vascos consideran repulsivas esas declaraciones sobre los atentados de ETA».

sensitivo: La voz inglesa *sensitive* no siempre puede traducirse por 'sensitivo'. En asuntos relacionados con instrumentos de precisión, por ejemplo, se debería decir *aparatos sensibles*, no *sensitivos*.

* *EUFORIA*: MUCHA VOCAL PARA TAN POCA CONSONANTE *

El término *euforia*, que significa 'sensación de bienestar, resultado de una perfecta salud o de la administración de medicamentos o drogas', necesita solo dos consonantes para una palabra de cinco vocales.

* ORTOTIPOGRAFÍA Y GEOGRAFÍA *

Las lenguas, los pueblos y las etnias se escriben con inicial minúscula:

el checo, el suajili, el hmong, el náhuatl, el xhosa
los mayas, los tutsis, los uigures, los vándalos, los zhuang

Los nombres de los accidentes geográficos se componen de un elemento genérico y un elemento específico.

El elemento genérico es el que describe la naturaleza de accidente geográfico o división territorial. Se escribe con minúscula y en ocasiones se puede suprimir.

cabo, mar, monte, meseta, isla, península, océano
la provincia, la comunidad autónoma, la región
el estado, el municipio, el departamento, el distrito
la diócesis, la parroquia, el partido judicial
el *oblast*, los *Länder*

El elemento específico es el que determina a qué accidente o división nos referimos, y es el que realmente sirve de nombre propio, por lo que se escribe con mayúscula inicial: *cabo de Hornos, mar Negro, monte Everest, islas Galapagos, península de Florida, océano Índico, golfo de México, río Amazonas*. El elemento específico puede ser un nombre precedido de *de* (*mar de Aral*), un nombre en aposición (*río Tajo*) o un adjetivo (*Mar Muerto*); si este adjetivo deriva del topónimo al que corresponde el accidente geográfico, irá en minúscula (*península ibérica*). El genérico en algunos casos puede quedar implícito (*el Mediterráneo*) y en otros, no. Ninguno de estos factores afecta a su tratamiento ortotipográfico.

el río Tajo, el mar Muerto, el océano Pacífico, la bahía de Cádiz
el cabo de Gata, el delta del Nilo, el estrecho de Gibraltar
el canal de la Mancha, el golfo de Vizcaya
el valle de la Fuenfría, el macizo de Sierra Nevada
el desierto del Gobi, la llanura de Maratón, el glaciar de Géant
el cráter de Copérnico, la constelación de Aries
pero el Gran Cañón (del Colorado), la Gran Mancha Roja

Varios países tienen la palabra *islas* en su nombre, que debe ir con mayúscula cuando se hable de ellos como entidades políticas, no físicas:

Islas Marshall, Islas Pitcairn, Islas Salomón

Divisiones territoriales

Se aplican las mismas normas. Son genéricas las palabras *estado, comunidad autónoma, provincia, región*, etc., pero se escriben con inicial mayúscula cuando forman parte de un nombre propio: *Comunidad Autónoma de Madrid*.

Líneas imaginarias celestes, terrestres y de otros cuerpos astronómicos, hemisferios

Con minúscula, salvo los nombres propios que contengan:

el meridiano cero, el meridiano de París
el ecuador, la eclíptica
el círculo polar ártico, el círculo polar antártico
los dos polos, los dos trópicos
el polo norte, el polo sur
el trópico de Cáncer, el trópico de Capricornio
el hemisferio norte, el hemisferio occidental, el hemisferio boreal

Lista de casos dudosos

A continuación, se ofrece una lista en la que se indican las formas correctas en casos dudosos, es decir, de topónimos que tienen un término que podría funcionar como genérico, pero que en estos casos no lo es, o de nombres con una grafía ya establecida.

Ciudad de México
Ciudad del Cabo
Gran Cañón (nombre del cañón que hay en Arizona)
Mar Menor (albufera)
Picos de Europa
Río Branco (ciudad)
Río Bravo (ciudad)

Río Cuarto (ciudad)
Río de Janeiro (estado y ciudad)
Río de la Plata (estuario)
Río de Oro (antigua posesión española en África)
Río Gallegos (ciudad)
Río Grande (ciudad)
Rio Grande do Norte (estado)
Rio Grande do Sul (estado)
Río Muni (región de Guinea Ecuatorial)
Río Negro (provincia y departamento)
Río Piedras (municipio)
Río San Juan (departamento)
Río Tercero (ciudad)
Sierra Morena (serranía)

Gobierno, estado

Se escriben con inicial mayúscula cuando se refieren a la institución o conjunto de instituciones que los conforman como órganos políticos:

El Estado alemán ha reestructurado el sistema financiero.
El Gobierno ha propuesto una nueva ley sobre donaciones.
Dieron un golpe de Estado.

Llevan inicial minúscula cuando tienen otros significados:

El estado del paciente ha mejorado.
Se esmera en el gobierno de su casa.

Coordenadas geográficas

Se expresan indicando primero la latitud y luego la longitud. No se deja espacio entre los números y los símbolos, sino solo tras los símbolos, y entre las coordenadas y los símbolos *N*, *S*, *E* y *O*.

23° 45' 07" N, 120° 02' 49" O

También se puede emplear el signo menos para el sur y el oeste:

23° 45' 07", –120° 02' 49"

Instituciones

Los gentilicios que acompañan a las instituciones del Estado van con minúscula:

el Senado estadounidense, el Gobierno argentino.
el *Bundestag* alemán, el Ministerio de Hacienda francés.

———————— ❁❁❁ ————————

* *¿A RAYAS O DE RAYAS?* *

Lo correcto es *camisa de rayas*, no camisa *camisa a rayas*.

———————— ❁❁❁ ————————

* PALABRAS PARÓNIMAS *

Las palabras parónimas son aquellas que se diferencian en una letra pero que tienen significados distintos.

Con *s* y con *x*

cohesión	'unión'	conexión	'relación o enlace'
contesto	forma del verbo *contestar*	contexto	• 'entorno lingüístico del cual depende el sentido y el valor de una palabra, frase o fragmento considerados' • 'entorno físico o de situación, ya sea político, histórico, cultural o de cualquier otra índole, en el cual se considera un hecho'

esclusa	'compartimento, con puertas de entrada y salida, que se construye en un canal de navegación para que los barcos puedan pasar de un tramo a otro de diferente nivel, para lo cual se llena de agua o se vacía el espacio comprendido entre dichas puertas'	exclusa	'excluida, rechazada'
esotérico	'oculto, inaccesible a la mente'	exotérico	'accesible o fácil de entender'
espiar	'acechar, observar disimuladamente a alguien o algo'	expiar	'borrar las culpas, purificarse de ellas por medio de algún sacrificio'
	'intentar conseguir informaciones secretas sobre un país o una empresa'		
espirar	'expeler el aire aspirado'	expirar	'morir'
estático	'perteneciente o relativo a la estática'	extático	'que está en éxtasis, o lo tiene con frecuencia o habitualmente'
	'que permanece en un mismo estado, sin mudanza en él'		
estirpe	'raíz y tronco de una familia o linaje'	extirpe	'forma verbal de *extirpar*'
laso	'cansado, desfallecido, falto de fuerzas'	laxo	'flojo, que no tiene la tensión que naturalmente debe tener'
seso	'tejido nervioso del cráneo'; 'juicio'	sexo	'género de una especie'; 'órganos sexuales'

Con *b* y con *v*

absolver	'dar por libre de algún cargo u obligación'	absorber	dicho de una sustancia sólida: 'ejercer atracción sobre un fluido con el que está en contacto, de modo que las moléculas de este penetren en aquella' dicho de un tejido orgánico o de una célula: 'recibir o aspirar materias externas a ellos, ya disueltas, ya aeriformes'
libido	'deseo sexual, considerado por algunos autores como impulso y raíz de las más varias manifestaciones de la actividad psíquica'	lívido	'amoratado' o 'intensamente pálido'

Con *h* y sin *h*

ahí	adverbio de lugar	hay	forma del verbo *haber*	¡ay!	interjección
aprehender	'apresar o capturar'	aprender	'adquirir conocimientos'		
aprehensión	'apresamiento o captura'	aprensión	'escrúpulo o temor infundado'		

Palabras parónimas con *c* y con *cc*

adición	'acción y efecto de añadir'	adicción	'hábito de quien se deja dominar por el uso de alguna o algunas drogas tóxicas, o por la afición desmedida a ciertos juegos'

Otras:

ábside ('bóveda')	ápside ('extremo de eje mayor')
accesible ('que se puede acceder')	asequible ('que se puede conseguir')
adoptar (de *adopción*)	adaptar (de *acomodar*)
afecto ('cariño, amistad')	efecto ('resultado')
alaba (verbo *alabar*)	Álava (provincia española)
alimenticio ('que alimenta')	alimentario ('relacionado con la alimentación')
amoral ('carente de moral')	inmoral ('impúdico')
apertura ('acción de abrir')	abertura ('hendidura, grieta')
apóstrofo (signo ortográfico)	apóstrofe (figura retórica, insulto)
aptitud ('competencia, habilidad')	actitud ('disposición')
apto ('ser hábil')	acto ('acción')
ávido ('ansioso')	habido (verbo *haber*)
carear ('someter a careo')	cariar ('producirse una afección dental')
complemento ('lo que falta y se agrega')	cumplimiento ('acción de cumplir')
cortejo ('comitiva, agasajo')	cotejo (verbo *cotejar*)
cucharadita ('lo que cabe en una cuchara pequeña')	cucharita ('cuchara pequeña')
deferencia ('atención')	diferencia ('diversidad')
desbastar ('quitar tosquedad')	devastar ('asolar')
desecar ('poner seco')	disecar ('cortar, preparar seres muertos')

destornillar ('sacar un tornillo')	desternillar ('de risa, romperse las ternillas')
desvelar ('quitar el sueño')	develar ('descubrir, revelar')
enología ('conocimiento vinícola')	etnología ('ciencia sobre el origen de los pueblos')
excitar ('estimular, provocar')	hesitar ('dudar, vacilar')
fragante ('perfumado, oloroso')	flagrante ('evidente')
honroso ('que honra')	oneroso ('gravoso')
infestar ('causar estragos', 'llenar algo de parásitos o animales salvajes')	infectar ('corromper, causar infección')
infringir ('quebrantar')	infligir ('imponer castigo')
israelita ('perteneciente al pueblo semita que conquistó y habitó Palestina')	israelí ('ciudadano de Israel')
latente ('escondido o inactivo')	latiente ('que late')
mejoría ('disminución de una enfermedad')	mejora ('perfeccionamiento, adelanto, aumento')
molleja ('glándula')	mollera ('cráneo')
prejuicio ('juicio previo')	perjuicio ('daño')
salubre ('saludable')	salobre ('salado')
secesión ('acción de separar')	sucesión (de *suceder*)
sesión ('tiempo de reunión')	sección ('sector, parte')
seso ('cerebro')	sexo ('diferencia física')
vagido ('gemido')	vahído ('desvanecimiento')
yendo ('verbo ir')	hiendo ('verbo hendir')
yerro ('verbo errar')	hierro ('metal')
zaina ('persona taimada')	zahína ('planta')

Es un signo ortográfico (*'*).

En español se usa para marcar la elisión de vocales en los textos antiguos: *d'aquel*; para indicar en la escritura la omisión de sonidos en la lengua oral: *Pa' que no tengas que ir*, y para conservar las palabras de otros idiomas en los que se usa el apóstrofo: *L'Auditori de Barcelona, O'Donnell, c'est ne pas une pipe, el cantante italiano Pino D'Angiò*.

Conviene evitar el apóstrofo para separar las horas de los minutos (*15'30*), en lugar del punto (*15.30*); para marcar los decimales (*3'1416*), en vez de la coma (*3,1416*); o para sustituir las dos primeras cifras de un año (*'84* por *1984*), ni siquiera cuando se abrevian los años para referirse a acontecimientos relevantes, caso en el que puede usarse o no el guion: *España 82* o *España-82*.

La palabra *apóstrofo* no debe confundirse con *apóstrofe*, que es un 'dicho denigrativo que insulta y provoca'.

＊ AMORALES E INMORALES ＊

Los términos *amoral* e *inmoral* a menudo se utilizan como sinónimos, cuando tienen significados que conviene matizar. *Amoral* significa 'persona desprovista de sentido moral' e *inmoral*, 'que se opone a la moral o a las buenas costumbres'. Así, lo que distingue a estos términos es que *amoral* se refiere a alguien que no tiene moral e *inmoral*, a alguien cuyas acciones se oponen a ella.

＊ TERREMOTOS DE DISTINTAS ESCALAS ＊

Los terremotos se miden en escalas sísmicas, como la *escala de Richter* y la *escala de Mercalli*.

La escala de Richter se utiliza para calibrar la potencia o la magnitud de un sismo, es decir, la energía liberada en el hipocentro o lugar interior de la corteza terrestre donde se ha originado el sismo. Esta escala clasifica los terremotos partiendo de la clase 0 (menor intensidad), y aunque durante mucho tiempo la 8 se ha considerado la clase máxima, en la práctica no existe un límite superior prefijado. La escala de Richter crece en forma potencial o semilogarítmica. Cada grado de aumento supone una intensidad doble que la anterior.

Los especialistas utilizan también la escala de Mercalli, que evalúa la intensidad del sismo por la percepción de este y los daños causados y que está dividida en XII grados. La de Mercalli establece I-microsismo; II-muy débil; III, ligero; IV, moderado; V, algo fuerte; VI, fuerte; VII, muy fuerte; VIII, destructivo; IX, ruinoso; X, desastroso; XI, muy desastroso, y XII, catastrófico.

✻ SIGLAS ✻

El desarrollo de una sigla solo debe tener mayúsculas iniciales cuando sea un nombre propio.

En el español actual es frecuente que se formen siglas a partir de los nombres de conceptos, fenómenos, aparatos y enfermedades que son meramente descriptivos y que no se corresponden con una marca u otro nombre propio. Aunque la sigla así formada tiene siempre sus letras en mayúsculas, el término del que procede se sigue escribiendo con iniciales minúsculas, como corresponde según las normas ortográficas generales. En algunos casos, la propia sigla se ha convertido en un sustantivo común y, por tanto, se ha acabado escribiendo con minúsculas, como *sida*, *láser* u *ovni*.

Así, no es correcto escribir «El Producto Interior Bruto (PIB) caerá el 1 % este año», «El hospital contará con un nuevo equipo de Tomografía Axial Computarizada (TAC)» o «Tras el apagón analógico solo se podrá recibir la Televisión Digital Terrestre (TDT)»; debería haberse escrito «El producto interior bruto (PIB) caerá el 1 % este año», «El hospital contará con un nuevo equipo de tomografía axial computarizada (TAC)» y «Tras el apagón analógico solo se podrá recibir la televisión digital terrestre (TDT)».

Procúrese traducir las siglas internacionales, excepto cuando se trate de siglas o acrónimos de origen extranjero que ya estén asentados en el uso: *NATO* (*North Atlantic Treaty Organization*), que en español se transforma en *OTAN* (*Organización del Tratado del Atlántico Norte*); *UNO* (*United Nations Organization*), que en español es *ONU* (*Organización de las Naciones Unidas*); *ECLAC* (*Economic Commission for Latin America and the Caribbean*), que se convierte en *CEPAL* (*Comisión Económica para América Latina y el Caribe*), etc.

Conviene mantener *Unesco* (*United Nations Educational, Scientific and Cultural Organization*), que conserva su forma original y cuya forma extensa en español es *Organización de las Naciones Unidas para la Educación, la Ciencia y la Cultura*; *Unicef* (*United Nations Children's Fund*), en español, *Fondo de las Naciones Unidas para la Infancia*; *CD-ROM*, sigla de *Compact Disc Read Only Memory*, o *IBM*, sigla de *International Business Machines*, entre otras.

Las siglas no se deben traducir si hacen referencia a realidades que se circunscriben exclusivamente a un país extranjero, sin correspondencia en el propio: *IRA*, sigla de *Irish Republic Army*; *CIA*, de *Central Intelligence Agency*; *KGB*, de *Komitet Gosudárstvennoy Bezopásnosti*; aunque en el nombre completo se utilice la equivalencia en español, como, por ejemplo, *Ejército Republicano Irlandés* (*IRA*).

Se aconseja indicar —la primera vez que se escriba una sigla en un texto informativo— las palabras a las que corresponde y, si es una sigla extranjera, su traducción o equivalencia: *DEA* (*Drug Enforcement Administration*), *Departamento estadounidense antidroga*; o bien escribir primero el nombre completo y poner después la sigla entre paréntesis: *Unión Nacional Africana de Zimbabue (ZANU)*.

* OCUPADOS INTERVINIENDO UNA INVASIÓN *

Intervención es el acto por el que un Estado interviene en los asuntos de otro para que predomine la voluntad extranjera sobre la nacional. *Invasión* es la agresión armada con la que se penetra en territorio de otro país con la finalidad de adueñarse de este o para obligar a rendirse al adversario y que acepte las condiciones que se le impongan. *Ocupación* es la permanencia en un territorio de ejércitos de otro Estado que, sin anexionárselo, interviene en su vida pública y la dirige.

* DAR PIE CON BOLA: TECNICISMOS EN EL FÚTBOL *

cancerbero	'portero'	también *guardameta, gato* o *arquero*
cantada	'error del portero al intentar parar o despejar el balón'	también *pifiada* (no solo del arquero)
caño	'regate que hace un jugador pasando el balón entre las piernas del contrario'	también *túnel*
chilena	'remate con voltereta hacia atrás, de espaldas a la portería'	
chupón	'jugador que tiende a no pasar la pelota a sus compañeros'	también *comilón*
córner	'saque desde una esquina del campo'	es un anglicismo; en español se emplea *saque de esquina*

cuero	'balón'	también *esférico, pelota*
disparo	'lanzamiento a portería'	también *tiro, remate al arco*
disparo a lo Panenka	'lanzamiento de penalti suave y centrado'	de Panenka, primer jugador que hizo dicho lanzamiento
esférico	'balón'	también *cuero, pelota*
finta	'regate'	también *gambeta*
folha seca	'disparo con efecto que hace caer el balón a la mitad de su trayectoria'	expresión de origen brasileño; la inventó Waldir Pereira, *Didí*
gambeta	'regate'	también *finta*
gambetear	'regatear'	el sustantivo es *gambeta*; el jugador es *gambeteador*
gato	'portero muy bueno'	también *arquerazo*
gol olímpico	'gol directo desde el saque de esquina'	
off-side	'fuera de juego'	en español es *posición adelantada*
patatal	'terreno de juego en muy malas condiciones'	
peinar (el balón)	'tocar ligeramente el balón con la cabeza'	
rabona	'pase o lanzamiento pasando una pierna por detrás de la de apoyo'	
sombrero	'jugada que evita al adversario pasando la pelota suavemente por encima de su cabeza sin que este pueda llegar a alcanzarla'	
testarazo	'cabezazo'	

tijera	'remate hacia atrás de espaldas a la portería'	
tuercebotas	'jugador pésimo'	también *patadura, chepo*
vaselina	'lanzamiento suave y de trayectoria curva por encima del portero'	
volea	'golpe que se da al balón antes de que caiga al suelo'	expresión: *pegarle de volea*

✳ *INSTITUCIÓN / ORGANISMO / ORGANIZACIÓN* ✳

Una *organización* es una 'asociación de personas regulada por un conjunto de normas en función de unos fines determinados', o sea, se refiere solo al conjunto de individuos con un mismo objetivo en común.

Un *organismo* es un 'conjunto de órganos administrativos encargados de la gestión de un servicio de carácter oficial o público', es decir, es una 'estructura compleja cuyo significado abarca tanto a las personas como a las oficinas y dependencias que lo componen'.

Una *institución* es un 'organismo que desempeña una función de interés público, especialmente benéfico o docente'.

Son incorrectas, por lo tanto, las frases «Organismos como los sindicatos de tripulantes salieron en defensa de Barajas» y «Organismos como la Asociación de Maestros nos han manifestado su reconocimiento», en los que lo adecuado habría sido «Organizaciones como los sindicatos de tripulantes salieron en defensa de Barajas» y «Organizaciones como la Asociación de Maestros nos han manifestado su reconocimiento».

( )

En textos, su empleo más frecuente es el de intercalar oraciones que especifican, o explican, la oración principal. Estas explicaciones convencionalmente se usan para aclarar fechas u otros elementos de la frase que el lector puede ignorar o que pueden resultar confusos, como la forma en siglas de algún organismo o institución o la traducción de un texto que aparece en otro idioma.

Las historias de los regímenes soviético y nazi (el Gulag y el Holocausto) son, desde hace años, todo un subgénero editorial en España.

Durante 2007, las fuerzas israelíes mataron a 366 palestinos (284 en Gaza).

Carrizales deja la cartera de Vivienda en manos del general Jorge Pérez Prado, actual presidente del Instituto Nacional de la Vivienda (Inavi).

Tras un período de dos años con Narváez y los moderados (1856-1858), O'Donnell y la Unión Liberal volvieron al poder en 1858.

Las frases explicativas pueden acotarse, igualmente, con comas o rayas, teniendo en cuenta lo que convenga según el contexto.

Si dentro de un paréntesis es necesario intercalar una nueva aclaración, esta aparecerá entre corchetes.

La tumba de Jim Morrison (cantante de The Doors [mítica banda de rock del siglo xx]) se encuentra en el cementerio Père Lachaise de París.

En matemáticas, los paréntesis sirven, principalmente, para especificar el orden en que una fórmula debe resolverse y para dar la referencia de una coordenada.

En *4 + (2 · 3) igual a 10* se resolvería en primer lugar la multiplicación que aparece entre paréntesis y al resultado obtenido se le sumarían cuatro unidades.
En *(4 + 2)· 3 igual a 18* se resolvería en primer lugar la suma que aparece entre paréntesis y el resultado obtenido se multiplicaría por tres.
En *(2, 1)* se hace referencia a un punto de un eje de coordenadas donde *x* es 2 e *y* es 1.

Los paréntesis matemáticos son siempre verticales y nunca inclinados, incluso si están en un contexto de cursiva.

El paréntesis y otros signos ortográficos
Se escribe un espacio antes del paréntesis de apertura. En cambio, el texto que va entre dichos signos no se separa con espacios, sino que la primera y la última palabra del texto van pegadas al signo correspondiente.

Si tras el paréntesis de cierre figura otro signo ortográfico (un punto, una coma, etc.), no se dejará un espacio entre ambos.

Si se mantienen las cifras del tercer trimestre (de agosto a octubre), las ganancias se verán reducidas.
Ortega fue el primer español cuya fortuna superó los 6.000 millones de euros (un billón de las antiguas pesetas).

Antes del paréntesis de apertura solo pueden aparecer los signos ortográficos puntos suspensivos (…) y punto (.).

Pues… (ahora que lo pienso) podríamos vernos el jueves.

Según la nueva *Ortografía de la lengua española*, el punto de cierre de un enunciado, así como el punto final, siempre se escribirán después del paréntesis de cierre.

En el menú del miércoles tenían ensalada de primero y lentejas de segundo plato. (Odiaba lo predecibles que podían ser algunos restaurantes).

[ ]

Como el paréntesis, es un signo ortográfico doble (compuesto por dos signos simples, uno de apertura y otro de cierre) que aparece acotando una oración que se intercala en otra con la que está relacionada, o en expresiones matemáticas.

Usos

Se aplican de igual manera que los paréntesis, aunque con menos frecuencia que estos, pues suelen emplearse para intercalar una oración dentro de otra que ya está entre paréntesis.

> La tumba de Jim Morrison (cantante de The Doors [mítica banda de *rock* del siglo XX]) se encuentra en el cementerio Père Lachaise de París.

Otro uso bastante frecuente es el de poner entre corchetes puntos suspensivos para indicar que en un texto citado literalmente ha quedado un fragmento sin citar.

> Bajel pirata que llaman / por su bravura, el *Temido* / […] / y va el capitán pirata / cantando alegre en la popa / Asia a un lado, al otro Europa / y allá a su frente Estambul […]

Se aplica también para hacer acotaciones dentro de las citas.

> Nunca pensó que estuviera haciendo en ese momento el mejor papel de su vida [así lo reconocen unánimemente las encuestas del American Film Institute], pero quizá porque estaba en el peor momento sentimental de su vida.

{ }

Es un signo ortográfico doble (compuesto por dos signos simples, uno de apertura y otro de cierre) que aparece acotando una oración que se intercala en otra con la que está relacionada, en expresiones matemáticas y en lenguaje informático.

✳ *COMIBLE* Y *COMESTIBLE*: QUERER NO ES PODER ✳

Comible es lo que no desagrada al paladar, mientras que *comestible* es lo que no hace daño al organismo. Por ejemplo, hay setas que son comibles (se pueden comer y su sabor no es desagradable) pero no son comestibles (su efecto es tóxico).

✳ TRANSCRIPCIÓN DEL RUSO ✳

Redonda	Cursiva	Fundéu	ISO
А а	*А а*	a	A
Б б	*Б б*	b	B
В в	*В в*	v	V
Г г	*Г г*	g/gu	G
Д д	*Д д*	d	D
Е е	*Е е*	e, ye	E
Ж ж	*Ж ж*	y/ch	Ž
З з	*З з*	s	Z
И и	*И и*	i	I
Й й	*Й й*	i/y	J
К к	*К к*	k	K
Л л	*Л л*	l	L
М м	*М м*	m	M
Н н	*Н н*	n	N
О о	*О о*	o	O
П п	*П п*	p	P
Р р	*Р р*	r	R
С с	*С с*	s	S
Т т	*Т т*	t	T

Redonda	Cursiva	Fundéu	ISO
У у	*У у*	u	U
Ф ф	*Ф ф*	f	F
Х х	*Х х*	j	H
Ц ц	*Ц ц*	ts	C
Ч ч	*Ч ч*	ch	Č
Ш ш	*Ш ш*	sh	Š
Щ щ	*Щ щ*	shch	Ŝ
Ъ ъ	*Ъ ъ*		
Ы ы	*Ы ы*	i/y	Y
Ь ь	*Ь ь*		
Э э	*Э э*	e	È
Ю ю	*Ю ю*	iu/yu	Û
Я я	*Я я*	ia/ya	Â

Casos especiales

Generalmente, la combinación *ee* pasa a *eye* en español: *Alekseev* es *Alexéyev*.

Antropónimos

Los nombres rusos se componen de tres partes: nombre, patronímico y apellido. El nombre y el apellido son idénticos en cuanto a su función a los de otras lenguas, como el inglés o el español. El patronímico, que en ocasiones se suprime, deriva del nombre del padre (con la terminación *-ich* o similar): *Vadlimir Ilich Ulianov* (en este caso, el padre se llamaba *Ilia Nikolaevich Ulianov*).

Los términos *copago* y *repago* están bien formados y su uso es correcto en español, aunque no figuren en los diccionarios. La palabra *copago*, formada por el prefijo *co-* y el sustantivo *pago*, se emplea con el significado de 'participación en el pago'. También es admisible, aunque es poco habitual, el uso del verbo *copagar*: «El Ministerio de Sanidad pactará con las autonomías el copago de medicamentos», «La mayoría de los países europeos ya copaga por la atención sanitaria».

Del mismo modo, *repago*, formado con el prefijo *re-* y el sustantivo *pago*, es un término bien formado, al igual que el verbo *repagar*, que se utiliza con el significado de 'volver a pagar': «Los ciudadanos se oponen al repago y argumentan que es suficiente con los impuestos» o «Los créditos para compras a plazo son los préstamos que se repagan con pagos mensuales iguales».

✳ EL USO DE LOS PREFIJOS ✳

Hay cuatro formas de escribir los prefijos: con espacio, con guion, unidos sin simplificación y unidos con simplificación.

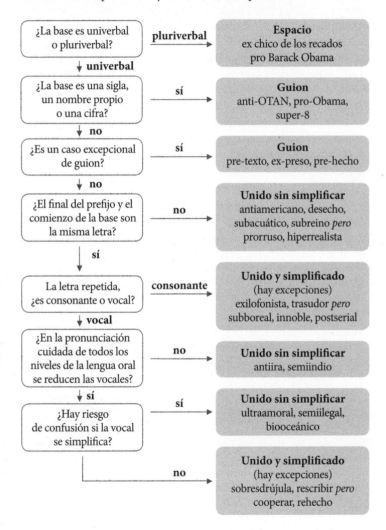

¿La base es univerbal o pluriverbal?	**pluriverbal** →	**Espacio** ex chico de los recados pro Barack Obama
↓ **univerbal**		
¿La base es una sigla, un nombre propio o una cifra?	**sí** →	**Guion** anti-OTAN, pro-Obama, super-8
↓ **no**		
¿Es un caso excepcional de guion?	**sí** →	**Guion** pre-texto, ex-preso, pre-hecho
↓ **no**		
¿El final del prefijo y el comienzo de la base son la misma letra?	**no** →	**Unido sin simplificar** antiamericano, desecho, subacuático, subreino *pero* prorruso, hiperrealista
↓ **sí**		
La letra repetida, ¿es consonante o vocal?	**consonante** →	**Unido y simplificado** (hay excepciones) exilofonista, trasudor *pero* subboreal, innoble, postserial
↓ **vocal**		
¿En la pronunciación cuidada de todos los niveles de la lengua oral se reducen las vocales?	**no** →	**Unido sin simplificar** antiira, semiindio
↓ **sí**		
¿Hay riesgo de confusión si la vocal se simplifica?	**sí** →	**Unido sin simplificar** ultraamoral, semiilegal, biooceánico
	no →	**Unido y simplificado** (hay excepciones) sobresdrújula, rescribir *pero* cooperar, rehecho

Electroencefalografista es, con 23 letras, la palabra más larga del *DRAE*, y significa 'persona especializada en electroencefalografía'.

* PUNTO Y COMA *

El punto y coma (;) es un signo de puntuación que separa partes de un enunciado relacionadas entre sí. Tiene mayor valor aislante que la coma, pero menor que el punto.

Pronunciación y escritura
En la pronunciación representa el final de un enunciado con tono descendente, como el del punto.

En los textos escritos aparece siempre unido a la palabra anterior sin ningún espacio y se separa de la palabra siguiente con un espacio en blanco, como la mayoría de los signos de puntuación. La palabra inmediatamente posterior al punto y coma se escribe con minúscula, excepto que se trate de un vocablo o expresión que normativamente se escriba con mayúscula inicial o esté enteramente en mayúsculas.

Usos
Para separar oraciones relacionadas entre sí, pero sin conjunción o preposición (proposiciones yuxtapuestas).

> Nada más ver aquella habitación, decidió limpiarla y ponerla en orden; la desempolvó, la fregó, la abrillantó y la pulió.

Para separar los elementos de una enumeración que ya están separados entre sí por comas.

> Mi madre es tendera; la de Sandra, arquitecta; la de Antonio, cirujana.

Al final de cada elemento de una lista o relación si se escriben en líneas independientes y comienzan por minúscula. La excepción es el último elemento, que se cierra con un punto.

> Había que estar en contacto con la naturaleza; dejar entrar el cielo, el mar y el viento; dormir sobre tablones, sobre el suelo; sentarse en sillas medio rotas.

Tras una oración seguida de otra que está introducida por una conjunción y que no esté directamente relacionada con ella.

> Nada pudieron hacer para detenerlo, solo esperar a que cediera su frenesí; y ocurrió entonces que el destino jugó su baza.

Para separar períodos sintácticos completos entre los que existe una estrecha vinculación de significado.

Relación de contraste.

> En julio, estaré trabajando; en agosto, me iré de vacaciones.

Relación entre un todo y una de sus partes, o entre varias cosas y una de ellas.

> El sistema digestivo se compone de muchas partes; la primera de ellas es la boca.

Relación de paralelismo.

> Unos salieron el viernes; otros, el sábado.

Relación adversativa, concesiva o consecutiva, con conectores como *pero*, *mas*, *aunque*, *sin embargo*, *por tanto*, *por consiguiente*, etc., cuando las oraciones que encabezan tienen cierta longitud.

Ismael tuvo muy buenas notas; no obstante, estudió menos de lo que creemos. (Adversativa).
Fue puesto en libertad; aunque no hizo méritos para ello. (Concesiva).
Ha perdido el autobús de siempre; por lo tanto, llegará tarde. (Consecutiva).

Relación explicativa.

Cuando tengo mucho trabajo, me pongo nervioso; en otras palabras, me altero por cualquier cosa.

Punto y coma, punto, dos puntos y coma

En algunos de los ejemplos anteriores, podría haberse optado por otros signos de puntuación, como el punto y seguido. La elección es subjetiva y depende de la vinculación semántica que el autor considera que se da entre los diferentes enunciados. Si la conexión semántica es débil, resulta preferible el uso del punto y seguido; si es mayor, conviene optar por el punto y coma.

También se prefiere punto y seguido si los enunciados tienen una extensión considerable.

Este año las agencias de viajes harán un gran descuento en las vacaciones de verano. Por consiguiente, se esperan gran cantidad de reservas a corto plazo de posibles veraneantes.

En alguno de los casos expuestos arriba, el punto y coma se podría sustituir por dos puntos, dado que las relaciones que expresan son las mismas. No obstante, hay que prestar especial atención, puesto que, en ciertos casos, la utilización de ambos signos en una misma oración puede dar lugar a matices diferentes en su significado.

Hace un día espléndido: estoy muy contento. (La razón por la que estoy muy contento es que hace un día espléndido).

> Hace un día espléndido; estoy muy contento. (Expone dos enunciados, pero el motivo de mi alegría no es necesariamente que haga muy buen día).

La distinción entre el punto y coma y la coma puede presentar dudas. A veces, la elección depende de la longitud de la oración. Si la oración es corta, se usa la coma.

> Llamará, pero pasado mañana.

También dependerá de si existen o no otras comas en los enunciados que se van a separar.

> Irá a ver a sus padres, sus abuelos y sus amigos; pero probablemente no llegue hasta mañana.

En caso de duda entre la utilización de la coma o el punto y coma, se puede acudir a la entonación final del enunciado. La coma nunca supone un final tonal descendente, ya que no cierra enunciados. En cambio, el final tonal del punto y coma es descendente, porque cierra enunciados.

Nombre
El plural del nombre *punto y coma* es invariable.

> En su redacción colocó los punto y coma de manera aleatoria.

No obstante, puede emplearse, de forma antepuesta, la palabra *signos*.

> Aquel texto estaba plagado de signos de punto y coma.

espolio o expolio	'conjunto de bienes que, por haber sido adquiridos con rentas eclesiásticas, pasaban a ser propiedad de la Iglesia al morir *ab intestato* el clérigo que los poseía'
mistificación o mixtificación	'acción y efecto de mistificar'
mistificar o mixtificar	'engañar, embaucar'
mistura o mixtura	'mezcla, juntura o incorporación de varias cosas'

✳ *TECNOESTRÉS* Y *MILEURISTA*, PALABRAS PARA LOS NUEVOS TIEMPOS ✳

Los nuevos modos de vida del siglo XXI generan nuevas patologías que necesitan nuevas palabras. El término *tecnoestrés*, referido al estrés que puede provocar el uso de las nuevas tecnologías, es una palabra bien formada en español y, por lo tanto, se escribe en redonda; esto es, sin cursiva ni comillas.

Cada vez es más frecuente leer y oír este neologismo en los medios de comunicación, en frases como «El catedrático Martínez Selva afirma en su libro que para que el tecnoestrés genere trastornos psicológicos deben sumarse otros factores», «Se desconoce cuántas personas pueden estar afectadas por el tecnoestrés», «El tecnoestrés lo padecen, sobre todo, personas de más de 40 años que no se han adaptado a los rápidos cambios tecnológicos».

Relacionados con este término aparecen otros, como *tecnoansiedad* (tensión y malestar por el uso presente o futuro de algún tipo de dispositivo electrónico), *tecnofatiga* (agotamiento por el uso de las nuevas tecnologías) y *tecnoadicción* (dependencia de las nuevas tecnologías en cualquier momento y en cualquier lugar, además de querer estar al día de los últimos avances tecnológicos), que también están correctamente formados.

Y al principal culpable de estos nuevos males se le debe llamar *teléfono inteligente*, y no con el término inglés *smartphone*, que es aquel teléfono móvil con pantalla táctil que ofrece la posibilidad de conectarse a internet, tiene memoria interna, gestiona cuentas de correo y posee otras características que lo convierten en un pequeño ordenador personal.

Mileurista es otro neologismo del siglo XXI. Esta palabra designa a una persona, generalmente con estudios, que desempeña un trabajo que no siempre está acorde con su preparación y percibe un salario que está por debajo de los mil euros mensuales. Debe escribirse siempre en letra redonda y sin entrecomillar.

✳ LAS VICTORIAS DE PIRRO ✳

La expresión *victoria pírrica*, en el lenguaje deportivo o en el periodismo político en época electoral, se suele utilizar cuando el ganador se impone con una diferencia mínima o conseguida en el último minuto. Sin embargo, aunque este significado ha sido aceptado, originalmente esta expresión tenía un matiz distinto.

Pirro, hijo de Eácidas, rey del Epiro y Macedonia, pasó a la historia por sus costosas victorias sobre sus enemigos, los romanos, en las batallas de Heraclea y Ascoli, en las que la única buena noticia era la victoria en sí, puesto que en el proceso dejaba sus tropas diezmadas por el desgaste, lo que le hizo pronunciar, al final de uno de sus triunfos y tras contemplar las bajas propias sobre el campo de batalla: «Otra victoria como esta y estamos perdidos».

✳ LEÍSMO, LOÍSMO Y LAÍSMO ✳

LEÍSMO: Empleo incorrecto de *le* o *les* en lugar de *la*, *las*, *lo*, *los*.

Está aceptado por la Real Academia Española —aunque es preferible evitarlo y usar *lo*—, cuando se utiliza como complemento directo masculino singular referido a persona, pero es incorrecto cuando se utiliza como complemento directo femenino —para el que deben emplearse *la* o *las*— o complemento directo neutro —para el que deben emplearse *lo* o *los*— y para el complemento directo masculino plural.

El leísmo es siempre incorrecto referido a animales y cosas («Se le desbocó el caballo y no pudo dominarle», «Se le perdió el reloj y no le encontró»). También lo es referido a nombres femeninos, ya sean de personas, animales o cosas («Comunicó a la diputada que no podía recibirle», «Se le perdió la cartera y no le encontró»). Igualmente, se proscribe el uso de *le* como complemento directo neutro: «Propuso eso pero no le aprobaron».

Las construcciones correctas de estos casos son: «Se le desbocó el caballo y no pudo dominarlo», «Se le perdió el reloj y no lo encontró», «Comunicó a la diputada que no podía recibirla», «Se le perdió la cartera y no la encontró» y «Propuso eso pero no lo aprobaron».

LAÍSMO: Incorrección gramatical que se produce cuando se emplean las formas *la* y *las* en lugar de *le* o *les*.

Al complemento indirecto femenino le corresponden los pronombres *le* o *les* («Le di un abrazo a María»). Sin embargo, se tiende erróneamente a creer que, cuando se refiere a una entidad de género femenino, el pronombre adecuado es *la* («La di un abrazo a María» pero «Le di un abrazo a Pedro»). Esta distinción, que sí se produce con el complemento directo («La busqué por todas partes» y «Lo busqué por todas partes»), debe ser evitada en el uso culto en el caso del complemento indirecto.

LOÍSMO: Empleo incorrecto de las formas *lo* y *los* en lugar de *le* y *les*. Las formas a las que corresponde desempeñar la función de complemento indirecto son *le* y *les*. El loísmo se produce cuando, en lugar de estas formas, se utilizan los pronombres *lo* y *los* para el complemento indirecto masculino o neutro. En frases como «Lo dio un puntapié» o «Lo mandó un regalo por su cumpleaños» debió haberse dicho «Le dio un puntapié» y «Le mandó un regalo por su cumpleaños».

✳ *CACA* ES UN LATINISMO ✳

Aunque no dejen de ser expresiones coloquiales, tanto *caca* como *cagar* provienen del latín *cacāre*, que significa 'defecar'.

✳ VOCES DE ANIMALES ✳

Los nombres de las voces de los animales, a diferencia de las onomatopeyas, no pretenden imitar el sonido del animal en cuestión, sino designarlo, nombrarlo y especificarlo. No tienen por qué estar en principio relacionados con el sonido real que hacen los animales, como sí ocurre con las onomatopeyas, cuya función es representarlo. Por ejemplo, la onomatopeya del sonido que hace una vaca es *mu*, mientras que el nombre de su voz es *mugido*.

Los nombres de las voces de animales a menudo presentan variaciones regionales, y no todos son conocidos en todos los lugares ni están registrados en los diccionarios. Además, algunos son específicos de animales concretos, mientras que otros tienen un sentido más general, como:

bramido: voz fuerte, continua e indefinida
aullido: que corresponde a la onomatopeya ¡*aúúúú!*
chillido: voz aguda, indefinida y estridente

También se trasladan los nombres cuando son similares: así, se dice que las rapaces nocturnas jóvenes emiten un maullido, pues se parece a la voz del gato, o que ciertas aves trompetean, pues su sonido parece el de una trompeta.

Animal	Voz	Verbo
abeja, avispa, mosca, mosquito	zumbido	zumbar
águila	chillido	chillar
asno, burro	rebuzno, roznido	rebuznar, ornear, roznar
ballena	canto	cantar
buey	mugido	mugir
búho, lechuza, autillo, mochuelo	ululato	ulular (autillo), chirriar (lechuza), chuchear (búho), graznar (búho, cuando se le agarra con violencia)
caballo	relincho, bufido	relinchar, bufar (si está irritado o impaciente)
cabra	balido	balar
cabrito		chozpar
cerdo	gruñido, guarrido, chillido	gruñir (cuando se queja o pide algo), guarrear, chillar, verraquear (cuando está enojado), guañir (los lechares)
ciervo	balido, berrido, ronquido, bramido	balar, berrear, roncar, bramar
cigarra, chicharra	chirrido	chirriar, chicharrear
cigüeña		crotorar/castañetear (no es voz, sino el ruido que hace con el pico)
cisne	graznido	voznar, graznar
cocodrilo	lloro	llorar

Animal	Voz	Verbo
conejillo de Indias	chillido	chillar
conejo, liebre	chillido, zapateo	chillar, zapatear
cordero	balido	balar, chozpar
coyote, chacal	aullido	aullar
cuclillo		cuquiar
cuervo, grajo, urraca	graznido	graznar, grajear, urajear, voznar, croajar, crocitar, crascitar, grajear (grajo y cuervo)
delfín	chasquido	chasquear
elefante	barrito	barritar
gallina	cacareo, cloqueo	cacarear, cloquear/clocar (cuando está clueca), graznar (cuando se la agarra con violencia)
gallo	canto, cacareo	cantar, cacarear
gamo	balido, ronquido	balar, gamitar, agamitar, roncar (cuando llama a sus congéneres)
ganso	graznido	graznar, gaznar
gato	maullido, bufido/fufo/ fu, ronroneo/morro (cuando se le acaricia), mayido, marramáu, marramao	maullar, bufar/fufar (cuando resopla), ronronear, mayar, marramizar (cuando está en celo)
gaviota	graznido	graznar
golondrina		trisar
gorila	gruñido	gruñir
gorrión	gorjeo	gorjear, chirriar
grillo	chirrido, canto	grillar, chirriar, cantar
grulla		gruir

Animal	Voz	Verbo
halcón	gañido	gañir
hiena	aullido, risa	aullar, reír
jabalí	gruñido	arruar (cuando huye porque le siguen la pista), rebudiar (al sentir gente), gruñir, guarrear, roncar (al llamar a la hembra)
león, tigre	rugido	rugir
leopardo, pantera, leopardo de las nieves, onza, puma		himplar, himpar
lobo	aullido, ululato	aullar, ulular, otilar, guarrear
loro, cotorra	parloteo	parlar, carretear, parlotear
oso	gruñido	gruñir
oveja	balido	balar, balitar, balitear
pájaro	trino, gorjeo, gorgorito, reclamo (cuando llama a un congénere)	trinar, trisar, gorjear, gorgoritar (cuando hace quiebros), piar, pipiar, piolar, cantar
pájaro carpintero	tamborileo (no es una voz, sino el sonido que produce al taladrar el árbol)	tamborilear
paloma, tórtola	gorjeo, arrullo	gorjear, arrullar, zurear, cantalear, pipiar (los pichones)
panda gigante, panda rojo	gruñido	gruñir
pato	graznido, parpeo	graznar, parpar, titar
pavo	gluteo	gluglutear, titar, vocear (pavo real)

Animal	Voz	Verbo
perdiz	ajeo	cuchichiar, titear, ajear (cuando huye), serrar, cacabear, castañetear (cuando el macho hace un chasquido con el pico)
perro	ladrido, gañido, latido, gruñido	ladrar, gañir/regañir (cuando le dan golpes), latir (cuando sigue un rastro), gruñir (cuando amenaza), aullar (quejidos prolongados), arrufar (cuando amenaza hinchando el hocico y enseñando los dientes), regañar (cuando enseña los dientes callado)
pollo		piar, piolar, piular, pipiar
primates, mono	chillido	chillar
rana		croar, groar, charlear, cantar
ratón, rata	chillido	musitar (ratón), chillar
rinoceronte	barrito	barritar
serpiente	siseo, silbido	silbar, sisear
toro, becerro	berrido, bramido, mugido, bufido	bramar/rebramar (llamando a la hembra), mugir, bufar (indignado), berrear (becerro), aturnear
vaca	mugido	mugir, remudiar, bramar
zorro	grito, aullido, tauteo (Andalucía)	gritar, aullar

Acciones y sonidos de las personas

estornudo

repugnancia

grito de dolor

conversación

llanto de un bebé

silencio

tos

carraspeo

gruñido

hipo

risas

risa abierta

risa astuta

risa contenida

risa socarrona

beso

comer

desperezarse

aplauso

bofetada

sueño

Acciones y sonidos de los animales

¡AJ,AJ!

ajeo de la perdiz

¡AUU! ¡AUU!

aullido de lobo

¡BEEE!

balido de oveja

¡CO,CO,CO!

cacareo de gallina

¡CRI,CRI! ¡CRI,CRI!

chirrido del grillo

¡CROAC! ¡CROAC!

croar de rana

¡CUAA!

parpeo del pato

¡GLU! ¡GLU!

gluteo del pavo

¡GUAU! ¡GUAU!

ladrido de perro

rebuzno de burro

relincho de caballo

maullido de gato

mugido de vaca

gruñido de cerdo

graznido del ganso

canto de pájaro

canto del gallo

ronroneo de gato

arrullo de paloma

ululato del búho

zumbido de abejas

Así se construyen las nuevas palabras en nuestro idioma

Neologismo. Definición RAE 1843

«Vicio que consiste en introducir voces nuevas en un idioma».

Neologismo. Definición actual

«Vocablo, acepción o giro nuevo en una lengua».
«Uso de estos vocablos o giros nuevos».

Formas de creación de nuevas palabras

Formales

Composición

Unión de dos o más palabras
con significado propio

Derivación

Adición de prefijos o sufijos
a una palabra o a su raíz

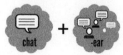

Parasíntesis

Composición + derivación

Adición simultánea de un prefijo
y un sufijo a una palabra

Léxicas y de significado

Invención

Palabra inventada

Onomatopeya

Palabra que imita o recrea
el sonido de lo que nombra

Préstamo

Cultismo

Palabra de las lenguas clásicas
que se mantiene en la lengua
sin seguir la evolución normal

Extranjerismo

Voz, frase o giro que un idioma
toma de otro extranjero

Barbarismo

Extranjerismo que no se ha
incorporado totalmente a la lengua

Calco

Palabra que toma el significado de
otra extranjera y lo hace equivalente
al de una ya existente

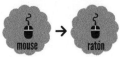

Lexicalización

Grupo de palabras que funciona
como una palabra

Metáfora

Creación de un sentido nuevo figurado
porque se identifica con el significado
de otra palabra por alguna semejanza

Fónicas y gráficas

Acortamiento

Apócope

Acortamiento de una palabra
por detrás

Aféresis

Acortamiento de una palabra
por delante

Siglas

Acrónimo: «Pronunciación
de una sigla como palabra»

ESPAÑA:
Nazaríes (Granada C. F.)
Merengues (Real Madrid)
Culés (F. C. Barcelona)
Colchoneros (Atlético de Madrid)

ARGENTINA:
Bichitos (Argentinos Juniors)
Funebreros (Chacarita Juniors)
Pincharratas (Estudiantes de La Plata)
Piratas (Belgrano)
Leprosos (Newell's)
Tallarines (Talleres de Córdoba)
Cuervos (San Lorenzo de Almagro)
Gallinas (River Plate)

INGLATERRA:
Urracas (Newscastle U. F .C.)
Diablos rojos (Manchester United)

CHILE:
Caciques (Colo-Colo)
Pepes (Unión Española)
Bohemios (Santiago Morning)
Salmoneros (Puerto Montt)

(a) alias
A. alteza
AA. VV. autores varios (*también* VV. AA.)
abg. abogado, -a
abr. abril
a. C., a. de C. antes de Cristo
A. D. *anno Domini* ('año del Señor')
admón. administración
a. J. C., a. de J. C. antes de Jesucristo
ag. agosto
a. m. *ante meridiem* ('antes del mediodía')
A. M. D. G. *ad majorem Dei gloriam* ('a la mayor gloria de Dios')
apdo. apartado
art., art.° artículo
Arz., Arzbpo. arzobispo
A. T. Antiguo Testamento
atl.° atlético
atte. atentamente
Av., Avda. avenida
Ayto. ayuntamiento
bibl. biblioteca
b. l. m. besa la mano
Bs. As. Buenos Aires
c., ca. *circa* ('alrededor de', *ante fechas*)
c/ calle
cap. capítulo
Cap. Fed. capital federal

c/c cuenta corriente
CC. AA. cajas de ahorro; comunidades autónomas
C. C. casilla de correo
CC. OO. Comisiones Obreras
C. D. cuerpo diplomático; club deportivo
c. e. correo electrónico
cent. centavo (*plural* **cts.**)
cént. céntimo (*plural* **cts.**)
C. F. club de fútbol; capital federal
cf., cfr. *confer* ('compárese')
Cía. compañía
cód. código
C. P. código postal
c. s. p. cantidad suficiente para
cta. cuenta
cte. corriente
ctra. carretera
c/u cada uno
C. V. *curriculum vitae*
D., D.ª don, doña
d. C., d. de C. después de Cristo
dcho., dcha. derecho, -a
D. E. P. descanse en paz
depto. departamento
D. F. Distrito Federal
Dir., Dir.ª director, -a
d. J. C., d. de J. C. después de Jesucristo
D. m. Dios mediante
D. P. distrito postal
dic. diciembre

Dr., Dra. doctor, -a
dto. descuento
dupdo. duplicado
ed. edición; editor
ed., edit. editorial
EE. UU. Estados Unidos
ej. ejemplo; ejemplar
Emmo., Emma. eminentísimo, -a
en. enero
entlo. entresuelo
e. p. d., E. P. D. en paz descanse
et al. *et alii* ('y otros')
etc. etcétera
Exc.ª excelencia
Excmo., Excma. excelentísimo, -a
f.°, fol. folio
f. c., F. C. ferrocarril (*plural*
ff. cc., FF. CC.)
Fdo. firmado
febr. febrero
FF. AA. Fuerzas Armadas
FF. NN. Fuerzas Navales
fig. figurado, -a; figura
Fr. fray
g/ giro
Gob. Gobierno
g. p., g/p giro postal
Gral. general
gta. glorieta
H. hermano, -a (*de una orden
religiosa*)
hab. habitante
hno., hna. hermano, -a
hros., hras. herederos, -as
ib., ibid. *ibidem* ('en el mismo
lugar')

id. *idem* ('el mismo')
i. e. *id est* ('esto es')
Ilmo., Ilma. ilustrísimo, -a
Iltre. ilustre
imp. imprenta
ít. ítem
izq., izdo., izqdo., izda., izqda.
izquierdo, -a
J. C. Jesucristo
JJ. OO. Juegos Olímpicos
jul. julio
jun. junio
L/ letra de cambio
Ldo., Lda. licenciado, -a
Lic. licenciado, -a
loc. cit. *loco citato* ('en el lugar
citado'; *también* **l. c., l. cit**)
Ltda. Limitada
m. *meridies* ('mediodía')
M. madre (*en orden religiosa;
plural* **MM.**)
manz., mz. manzana ('espacio
urbano')
máx. máximo
mín. mínimo
Mons. monseñor
ms., mss. manuscrito,
manuscritos
Mtro., Mtra. maestro, -a
mzo. marzo
n.°, núm. número
N. B. *nota bene* ('nótese bien')
N. del A. nota del autor
N. del E. nota del editor
N. del T. nota del traductor
nov. noviembre

N. S. Nuestro Señor
N.ª S.ª Nuestra Señora
N. T. Nuevo Testamento
o/ orden
Ob., Obpo. obispo
ob. cit. obra citada
oct. octubre
O. M. Orden Ministerial (*plural*
OO. MM.)
op. *opus* ('obra', *en música*)
op. cit. *opere citato* ('en la obra
citada')
P. papa; padre (*en orden religiosa;
plural* **PP.**)
p., pág. página (*plural* **pp., págs.**)
p. a. por autorización, por
ausencia
párr. párrafo
Pbro. presbítero
P. D. posdata (*después de la fecha
del final de una carta*)
Pdte., Pdta. presidente, -a
p. ej. por ejemplo
pl., pza. plaza
p. m. *post meridiem* ('después del
mediodía')
P. M. policía militar
p.º paseo
p. o. por orden
pral. principal
Prof., Prof.ª profesor, -a
pról. prólogo
P. S. *post scriptum* ('posdata')
P. V. P. precio de venta al público
q. d. e. p. que descanse en paz
Q. D. G., q. D. g. que Dios guarde

q. e. g. e. que en gloria esté
q. e. p. d. que en paz descanse
q. e. s. m. que estrecha su mano
q. s. g. h. que santa gloria haya
R. D. Real Decreto (*en España*)
reg. registro
rel. relativo, -a
Rep. república
rev. revisado, -a
R. I. P. *requiescat in pace*
('descanse en paz')
Rmo., Rma. Reverendísimo, -a
R. O. Real Orden (*plural*
RR. OO.)
r. p. m. revoluciones por minuto
(*también como símbolo* **r/min**)
RR. HH. recursos humanos
RR. MM. Reyes Magos
Rte. remitente
Rvdo., Rdo., R. do., Rda.
reverendo, -a
s. siglo; sustantivo; siguiente
(*plural* **ss.**; *también* **sig.**)
S. san
s. a. sin año
S. A. su alteza (*plural* **SS. AA.**)
S. A. sociedad anónima
S. A. I. su alteza imperial
(*plural* **SS. AA. II.**)
S. A. R. su alteza real (*plural*
SS. AA. RR.)
S. A. S. su alteza serenísima
(*plural* **SS. AA. SS.**)
Sdad. sociedad
S. E. su excelencia (*plural*
SS. EE.)

s. e., s/e sin [indicación de] editorial
secret.ª secretaría
sept. septiembre
Sermo., Serma. serenísimo, -a
s. e. u o. salvo error u omisión
s. f., s/f sin fecha
sig. siguiente (*también* **s.**)
s. l. sin lugar [de edición]; sus labores
S. L., Sdad. Lda. sociedad limitada
S. M. su majestad (*plural* **SS. MM.**)
S. N. Servicio Nacional
s. n., s/n sin número
s/o su orden
S. P. servicio público
Sr., Sra. señor, -a (*plural* **Sres.** *o* **Srs., Sras.**)
S, R C se ruega contestación
S. R. M. su real majestad
Srta. señorita
s. s. seguro servidor
S. S. su santidad; su señoría (*plural* **SS. SS.**)
Sto., Sta. santo, -a
s. v. *sub voce* ('bajo la palabra', *en diccionarios y enciclopedias*)
t. tomo (*plural invariable* **t.**)
tel., teléf. teléfono

tpo. tiempo
trad. traducción; traductor, -a
Ud. usted (*plural* **Uds.**)
Univ. universidad
v. véase (*también* **V.**); verso
v/ visto
V., Vd. usted (*formas arcaicas; plural* **Vds.**)
V. A. vuestra alteza (*plural* **VV. AA.**)
V. A. R. vuestra alteza real (*plural* **VV. AA. RR.**)
Vdo., Vda. viudo, -a
V. E. vuestra excelencia (*plural* **VV. EE.**)
v. gr., v. g. verbigracia
V. I. vuestra ilustrísima (*plural* **VV. II.**)
vid. vide ('véase')
V. M. vuestra majestad (*plural* **VV. MM.**)
V. O. S. versión original subtitulada
V.º B.º visto bueno
vol. volumen
V. S. vuestra señoría (*plural* **VV. SS.**)
VV. AA. varios autores (*también* **AA. VV.**)
Xto. Jesucristo

«Solecismos: en busca de la preposición equivocada». La versión original del artículo, o parte de él, procede de los artículos «Solecismos en locuciones preposicionaleles» y «Solecismos en verbos» de la *Wikilengua* (http://wikilengua.org/), que se edita con licencia Creative Commons CC-BY-SA-3.0-es.

«Las palabras más *fashion* de la moda». La versión original del artículo, o parte de él, procede del artículo «Glosario de moda» de la *Wikilengua* (http://wikilengua.org/), que se edita con licencia Creative Commons CC-BY-SA-3.0-es.

«Palabras homónimas». La versión original del artículo, o parte de él, procede del artículo «Lista de palabras homónimas» de la *Wikilengua* (http://wikilengua.org/), que se edita con licencia Creative Commons CC-BY-SA-3.0-es.

«Las comillas». La versión original del artículo, o parte de él, procede del artículo «Comillas» de la *Wikilengua* (http://wikilengua.org/), que se edita con licencia Creative Commons CC-BY-SA-3.0-es.

«Enantiosemia: una palabra, dos significados opuestos». La versión original del artículo, o parte de él, procede del artículo «Enantiosemia» de la *Wikilengua* (http://wikilengua.org/), que se edita con licencia Creative Commons CC-BY-SA-3.0-es.

«Diccionario breve de anglicismos y tecnicismos económicos». La versión original del artículo, o parte de él, procede del artículo «Glosario de economía» de la *Wikilengua* (http://wikilengua.org/), que se edita con licencia Creative Commons CC-BY-SA-3.0-es.

«Locuciones y palabras latinas de uso frecuente». La versión original del artículo, o parte de él, procede del artículo «Latinismos» de la *Wikilengua* (http://wikilengua.org/), que se edita con licencia Creative Commons CC-BY-SA-3.0-es.

«El uso de las mayúsculas». La versión original del artículo, o parte de él, procede del artículo «Mayúscula (uso)» de la *Wikilengua* (http://wikilengua.org/), que se edita con licencia Creative Commons CC-BY-SA-3.0-es.

«Queísmo y dequeísmo».
La versión original del artículo,
o parte de él, procede del artículo
«Dequeísmo» de la Wikilengua
(http://wikilengua.org/), que
se edita con licencia Creative
Commons CCBY-SA-3.0-es.

«Dos puntos». La versión original
del artículo, o parte de él, procede del
artículo «Dos puntos» de la
Wikilengua (http://wikilengua.org/),
que se edita con licencia Creative
Commons CC-BY-SA-3.0-es.

«*Tutía* es árabe». La versión
original del artículo, o parte de
él, procede del artículo «No hay
tutía» de la *Wikilengua* (http://
wikilengua.org/), que se edita
con licencia Creative Commons
CC-BY-SA-3.0-es.

«Puntos suspensivos». La versión
original del artículo, o parte de
él, procede del artículo «Puntos
suspensivos» de la *Wikilengua*
(http://wikilengua.org/), que
se edita con licencia Creative
Commons CC-BY-SA-3.0-es.

«Ortotipografía y geografía».
La versión original del artículo,
o parte de él, procede del artículo
«Ortotipografía en geografía» de
la Wikilengua (http://wikilengua.

org/), que se edita con licencia
Creative Commons CCBY-SA-3.0-
es.

«Palabras parónimas». La versión
original del artículo, o parte de
él, procede del artículo «Lista
de palabras parónimas» de la
Wikilengua (http://wikilengua.
org/), que se edita con licencia
Creative Commons CC-BY-SA-
3.0-es.

«El apóstrofo». La versión original
del artículo, o parte de él, procede del artículo «Apóstrofo» de
la *Wikilengua* (http://wikilengua.
org/), que se edita con licencia
Creative Commons CC-BY-SA-
3.0-es.

«Dar pie con bola: tecnicismos en
el fútbol». La versión original del
artículo, o parte de él, procede
del artículo «Lenguaje del fútbol» de
la *Wikilengua* (http://wikilengua.
org/), que se edita con licencia
Creative Commons CC-BY-SA-
3.0-es.

«Paréntesis, corchetes y llaves».
La versión original del artículo,
o parte de él, procede de los
artículos «Corchetes», «Paréntesis»
y «Llaves» de la *Wikilengua*
(http://wikilengua.org/), que

* ÍNDICE *

SOBRE LA FUNDACIÓN DEL ESPAÑOL URGENTE

La Fundación del Español Urgente —Fundéu BBVA— es una institución sin ánimo de lucro que tiene como objetivo primero impulsar el buen uso del idioma. También es un centro de análisis del desarrollo del español en los medios de comunicación y un referente, desde el punto de vista lingüístico, para todos los periodistas que trabajan en el mundo en nuestro idioma.

Nacida el 2005 fruto de un acuerdo entre la Agencia Efe y el banco BBVA, trabaja asesorada por la Real Academia Española. La Fundéu BBVA ha hecho suya la experiencia acumulada por el Departamento de Español Urgente de la Agencia Efe durante veinticinco años y ha formado un equipo de profesionales —filólogos, periodistas, correctores y ortotipógrafos— cuyos conocimientos del buen uso del español constituyen un patrimonio al servicio de todos los hablantes.